Friederun Pleterski

Dalmatinisches Inselbuch

Friederun Pleterski

Dalmatinisches Inselbuch

Von der Kunst, nichts zu tun

Für den Skipper

22.05.12

Verlag Carinthia

www.carinthiaverlag.at
Alle Fotos: © Friederun Pleterski, außer: © Coverfoto, Innencover (6 Motive) und Seiten 49, 51, 52, 56, 57, 147, 151, 195 von K. M. Westermann, Wien; © Innencover (13 Motive) und Seiten 50, 53, 54, 55, 58, 59, 148, 153, 193, 194, 196, 197, 198 von Zlato i srebro/Jakov Dindić
Gestaltung: Pliessnig/werk1
Druck und Bindung: Druckerei Theiss GmbH, St. Stefan im Lavanttal
Printed in Austria

ISBN 978-3-85378-642-0

Inhalt

Eine grüne Insel inmitten der blauen Adria. Meer, Sonne, Strand und frische Fische. Die Journalistin, die sich eine Auszeit nimmt, trifft auf den Auswanderer, der aus Amerika wieder heimgekehrt ist; und auf ein buntes Völkchen von kindlichen Individualisten, die bescheiden und dennoch wie die Fürsten leben: Sie jagen, fischen und spielen und zwingen sich zu nichts.
Es ist eine Insel, über der die Götter der Antike schweben, denen die Inselmenschen ziemlich nahe sind.

Nichts zu bedürfen ist den Göttern vorbehalten,
wer wenig bedarf, ist ihnen nahe.

Lukian, 170 n. Chr.

Altweibersommer

Ein eleganter, weißer Katamaran und ein bauchiges Piratenschiff aus Holz ankern in der Bucht. Bikinis flattern an den Wäscheleinen im Wind, das Meer ist blau und die Morgensonne taucht die Landschaft in ein mildes, goldenes Licht. Ein sanftes Lüftchen zeichnet dem Wasser ein Rippenmuster.

An der Mole liegen zwei alte Fischerboote, in jedem sitzt ein Mann. Der eine ist mein Nachbar Vinko, der andere sein Cousin Igor. Ich unterbreche meine morgendliche Jogging-Runde und gehe auf die beiden zu. „Schön, dass du kommst", sagt Vinko. „Obwohl du mich nicht liebst. Du liebst Stanley." Und dann zeigt er auf Igor: „My partner." Weiß ich, mein Hirn ist kein Sieb. Ich merke mir die Namen noch gut.

Vinko ist dabei, Fische aus dem Netz zu lösen. Er wirft sie in eine Kiste, ich schätze, dass es mindestens zehn Kilo sind. Kleine Exemplare in allen Farben und Formen. Rote, stachelige Seeteufelchen, schimmernde Goldbrassen, grau gestreifte Wolfsbarsche, blaue Seenadeln. Ein leeres Netz ist zu einem Haufen zusammengerollt. Die beiden Fischer verbreiten Zufriedenheit. „Oooooch ...", sagt Vinko, „lauter Kleinzeug." Er müht sich mit dem Netz ab und löst jene Fische heraus, bei denen es leicht geht. Die anderen lässt er in den Maschen hängen. Er sagt: „Jetzt weißt du, wofür ich den ganzen Sommer gearbeitet habe." Oh, ja. Ich erinnere mich. Drei Wochen lang saß er Tag für Tag unter der Weinlaube vor seinem Haus im Schatten und flickte die Netze mit den dazu bestimmten Fäden und einer langen Nadel. Seine Frau Maria saß daneben und schaute ihm zu. Manchmal manikürte sie ihre Fingernägel, oder sie nahm ein Fußbad und stöhnte wohlig: „Aaaahhh." Ich erinnere mich, was er damals sagte. Er sagte es auf Italienisch, manchmal reden wir neben englisch und kroatisch auch italienisch hier auf der Insel. Er sagte: „La vita e' un passatempo." Das

Leben ist dazu da, um sich die Zeit mit angenehmen Dingen zu vertreiben.

„Auf dem Boot dort“, sagt Vinko und dreht sich langsam in die Richtung, in der die Jachten liegen, „sind lauter hübsche Mädchen.“ Seine schwarzen Äuglein blitzen: „I like to look.“ Die Busenhalter und Höschen an der Wäscheleine winken uns zu. „Aber look nur“, denke ich, „es tut dir gut, und Maria hat schon lange nichts mehr dagegen.“

Die Männer in ihren bunt karierten Hemden und dem gelben Ölzeug, in ihren weißblau gestrichenen Booten, das Netz voller Fische, die Morgensonne in den braun gebrannten, von Falten zerfurchten Gesichtern – ein Bild für Götter. Und Götter sind sie, die Herren auf Mali Otok und ich bin die Götterbotin. Gott Vinko trägt mir einen Dienst auf: „Sag Maria bitte, dass wir einen großen Fang nach Hause bringen, wenn du heimkommst.“ Ich übermittle gern.

„Na gut“, antworte ich und laufe den Weg wieder zurück. Ach, wie ich ihn genieße, diesen Morgenlauf. Wenn ich laufe, entspanne ich mich. Wenn ich laufe, fliegen mir die Gedanken zu. Ich laufe vorbei an Myrten und Lorbeer, an Wacholder und Oliven. Ich schaue genau auf den Weg, beachte jeden Stein, ich will nicht mehr stolpern und auf einer Steinkante landen, zwischen Knie und Schienbein. Fast ein Jahr war ich außer Gefecht, das Bein geschwollen, das Knie war nur unter Schmerzen biegsam. Ein Jahr Therapie. Nein, keine Operation. „Blöd gefallen, gell? Vielleicht sollten Sie jetzt walken?“ Am nettesten war noch der Arzt, der sagte: „Es braucht seine Zeit. Es wird schon.“ Er zeigte mir eine Unterwasser-Übung. Ich übte im Meer bis in den November hinein, dann waren die Beschwerden vorbei.

Den Weg zwischen den Natursteinmauern kenne ich beinahe auswendig. Die Senke, in der das Moos auf den Steinen wächst, die Baumkronen der Steineichen, die aussehen, als hätte sie jemand zu Kegeln und Kugeln getrimmt. Ein wenig wie am Friedhof sieht es hier aus. Der Weg schlängelt sich hoch, bis zum Gedenkkreuz, dann geht es wieder hinunter. Sie stellen hier gerne Kreuze auf, Kapellen, Kirchen, weil sie hier katholischer sind als der Papst. Zwischen den Ästen der Eichen lauern fette Spinnen in ihren riesigen Netzen. Ein Fasan fliegt auf. Ein schwarz-weiß geschecktes Schaf hat sich verlaufen und flüchtet, als es mich sieht. Endspurt. Ich dehne meine Gelenke. Ein paar Minuten später bringe ich Maria die Frohbotschaft: „Vinko hat ein paar Kilo Fische im Netz. Er kommt bald. Das gibt Arbeit für dich: Fische putzen!“ Das macht Maria nichts aus, im Gegenteil. Sie ist so stolz auf ihren Ehemann, sie freut sich und krächzt: „Very good!“

Vor meinem Haus wuchern die Rosmarinstauden, die beiden Zypressen am Eingang sind uralt. Die Wiese ist saftig grün, wie England im Sommer. Hier war es im Sommer staubtrocken. Der Tau am Morgen und die Feuchte der Nacht hat die Landschaft wieder grün gemacht, ganz ohne Bewässerung. Lässt man die Dinge, so wie sie sind, werden sie sich von selbst ändern, wenn die Zeit dazu gekommen ist.

Ich ziehe den ausgeleierten Badeanzug an, ein neuer wäre längst fällig, doch wozu? Es ist Altweibersommer und niemand außer mir schwimmt im türkisblauen Meer. Zum Frühstück gibt es frisches, warmes Brot, Kaffee, Feigenmarmelade und Obst. Alleine zu frühstücken macht mir nichts aus. Es ist ein Ritual, das ich sogar mag. Was mir beim Laufen einfiel, Ideen, Geschichten, Pläne, leistet mir nun Gesellschaft.

„Ach, Stanley.“ Für Vinko und all die anderen ist es klar: Stanley und ich sind ein Paar. Wenn sie wüssten! Gar nichts ist klar. Stanley, der Mann mit den schlanken Händen, dem gewinnenden Blick und dem verschmitzten Lächeln hatte nie mehr als „I like you“ gesagt, weil er das Meer mehr als jede Frau liebt. Es ist schon länger her, dass wir uns begegneten, auf so einer kleinen Insel läuft man sich über den Weg. Es war eine Sommerliebe, und nachdem wir drei Tage und Nächte sehr zusammen waren, flog er zurück nach Amerika. Die

Frauen sagten: „Es ist schade, dass er weg ist. You are such a quuuuuuite couple.“ Die Frauen sagten: „Fahr ihm nach.“ Sie wissen nur allzu gut, wie man mit Inselmännern umgeht. Nachdem er wieder drüben war, telefonierten wir miteinander und sagten: „I miss you.“

In ein paar Tagen werde ich die Läden dicht machen und die Stecker aus der Dose ziehen, ich werde Reis und Nudeln in Schachteln packen, damit die Mäuse im Haus nichts Essbares finden. Angelo, der Mann, der auf mein Haus aufpasst, wenn ich nicht da bin, wird meine Koffer mit seinem neuen Quad abholen und im Gepäcksraum der Fähre verstauen. „Bis bald, Sijora“, wird er sagen. „Sijora“ sagen sie hier, nicht Signora. Ich werde wie immer auf das Oberdeck der „Maraskino“ steigen und in die Hauptstadt an der Küste fahren. Es braucht über eine Stunde, um die Insel aus den Augen zu verlieren. Jedes Mal, wenn ich die Insel verlasse, gibt es meinem Herzen einen Stich. Jedes Mal ist es wie ein Abschied für immer. Es ist, als ließe ich ein Stück von mir auf der Insel zurück. Dabei fahre ich doch nur aufs Festland und von dort auf der Autobahn nach Wien. Was wohl die Menschen fühlten, die von hier aufbrachen, um in Übersee Arbeit zu finden?

Inselfrühstück

Mein Inselfrühstück besteht aus Tee von Zitronenverbenen, Brot aus der Inselbäckerei, Butter und Topfen, Marmelade oder Honig, wenn mir nach Süßem ist. Mag ich es salzig, dann tunke ich das Brot in Olivenöl, esse Hartkäse vom Schaf, dazu Tomaten und im Ofen gebackene Oliven. Obst gibt es immer nach Saison und aus der Gegend, eine Ausnahme sind nur die Bananen. Auf der Insel wachsen: Weintrauben, Passionsfrucht, Feigen oder Weingartenpfirsich, Magunje, Zwetschken und Kriecherln, Äpfel und Birnen.

Insel-Rezept

Feigenmarmelade ohne Konservierungsmittel, so, wie man sie früher gemacht hat. Man braucht dazu Feigen, Zitronen und Zucker.

Feigen mitsamt den Schalen und Zitronen mitsamt den Schalen werden klein geschnitten und durch den Wolf gedreht oder auf eine andere Art faschiert. Das Verhältnis ist ungefähr 70% zu 30% (z. B. 70 dag Feigen und 30 dag Zitronen). Das Mus kocht man mit Zucker 1:1/2 fünf Minuten lang und füllt die Marmelade in Gläser ab.

Am Postamt

Diese Insel ist flach wie ein Fladen, und hätte es je eine Sturmflut im Adriatischen Meer gegeben, so hätte sie uns mit einer einzigen Welle weggespült. Und wer hätte uns nachgeweint, uns, den letzten Überlebenden einer Kultur, die im Aussterben begriffen ist, der Kultur des Müßigganges, des „Dolcefarniente"? Vielleicht hätte sich einer unserer Nachfahren an uns erinnert, an unbeschwerte Sommertage, an Tage, die er sich mühsam freischaufeln musste aus seinem mit Arbeit vollgestopften Alltag? Arbeit, mit der er das Mobiltelefon kauft, das auch fotografieren kann, ein Drittauto oder auch nur eine vollautomatische Espressomaschine.

Was und wo er denn arbeite, fragte ich den jungen Niko, einen zwanzigjährigen, prächtig gewachsenen Knaben. Wir saßen schon seit einiger Zeit regungslos nebeneinander unter der Dorflinde, trugen Stiefel, wattierte Jacken und Mützen und starrten aufs Meer. Niko zuckte mit den Schultern. Ob er denn studiere? Er schaute mich groß an. „Nein!" Er arbeite auch nicht und gehe in keine höhere Schule. Er sagte: „Ich lebe doch auf Mali Otok", vom Volksmund auch liebevoll Mali genannt. Sie ist die kleinste der dreizehn bewohnten Kalamari-Inseln in der nördlichen Adria.

Mali hat nur einhundert ständige Bewohner, und auch von diesen war zu dieser Jahreszeit nur die Hälfte hier, die anderen waren in ihren Appartements am Festland. Angelo hatte zwei Tage vor meiner Ankunft die Radiatoren eingeschaltet und den Küchenherd in Betrieb genommen, im Haus war es gemütlich warm. Es war Ende Februar. Das Gebirge an der Küste war schneebedeckt, der Himmel strahlend blau. Es war eisig kalt.

Die Telefonleitung war tot. Klar, ich hatte die Rechnungen nicht bezahlt, ich war vier Monate lang weg gewesen. Ich hatte nach meiner Abreise vergessen, den Abbuchungsauftrag am Hauptpostamt in der Stadt auszufüllen. Ich hatte so viel anderes zu tun. Um ehrlich zu sein: gar nichts. Ich war schon ein halber Inselmensch, zog alles, was zu tun ist, hinaus, in der Hoffnung, dass es sich von selbst erledigt. Wer fährt schon wegen einer Unterschrift auf das Festland? Oder wegen einer fälligen Zahlung? Angelo sagte, er bezahle im Winter, wenn sie nicht da sind, die Telefon- und Stromrechnungen aller seiner Verwandten, und ein Zahlschein mehr oder weniger sei auch schon egal. „Machen Sie nur ja keinen Abbuchungsauftrag", sagte er. „Weil man nie weiß, was die Banken mit dem Geld tun."

Ich ging aufs Postamt. Es war neun Uhr fünf. Die Uhrzeit weiß ich deshalb, weil die große Uhr an der Wand auf die Sekunde genau geht, damit der Postbeamte auf die Sekunde genau die Amtstür schließen kann. Unser Postamt hat täglich außer Samstag und Sonntag von acht Uhr bis zwölf Uhr offen. Es besitzt einen Zentralraum mit einem Schalter und einen Schalterbeamten, Ivo. Er hat ein Moped mit einem Körbchen und einen Yorkshireterrier. Den setzt er, fährt er zur Fähre, um die Post abzuholen oder hinzubringen, auf die Briefe obenauf. Er arbeitet auf diesem Postamt zehn Monate im Jahr. Von September bis Ende Juni. Im Sommer, genau dann, wenn viel zu tun ist, macht er Urlaub. Die Aushilfe ist eine flinke Dame aus der Stadt. Wohin er im Urlaub fährt? Nirgendwohin! Er bleibt hier. Er spielt Boccia, er spielt

Karten und er geht fischen, obwohl im Sommer im Wasser nichts los ist, er macht mal Pause von der Pause und sagt: „I take a break from the break."

Ivo ist diskret. Er liest sie alle, die Ansichtskarten und die Briefe, die er ins Licht hält, ihren Inhalt behält er für sich. Man sagt, dass er es schon vor dreißig Jahren so gemacht hat, was damals nicht ganz harmlos war. Ivo ist Vertrauensmann. Er spricht einigermaßen gut Englisch und überlegt lange, um das richtige Wort zu finden. „Hi", sagte er, als ich eintrat. „Where have you been? There is plenty of mail since you last came." Nun, viel war es nicht, außer den Telefonrechnungen, die nicht bezahlt waren: Werbung, ein Zahlschein für den Blindenverband und Neujahrswünsche von der Bank.

Sie hatten mir das Telefon gesperrt. Ivo meinte, ich solle die Rechnungen gleich bezahlen, denn sonst würden sie mir den Vertrag kündigen. Er sagte: „I give you a number you must call post office in Zagreb." Ja aber, wie? Ich hab keine Verbindung mehr. „Can you do that for me?", bat ich. Er wählte eine Nummer und erreichte eine Stimme, die ihm sagte, dass ich den ausstehenden Betrag bezahlen soll, und wenn ich die Zahlscheine nach Zagreb faxe, werde die Telefonleitung wieder aufgemacht. Ich unterschrieb die Zahlscheine, denn Ivo ist ja auch Bankbeamter. Er stempelte sie ab und schob den ersten der drei Zahlscheine in das Faxgerät. Dort ließ er ihn drin, denn in der Zwischenzeit war eine Frau mit einem Sack Geld durch die Tür hereingekommen. Ivo zählte es ab. Mit der Hand und zweimal. Ich setzte mich hin, es sah aus, als müsste ich länger warten. Der Yorkshire lag eingerollt in einem Körbchen hinter dem Ölofen. Der war nicht in Betrieb, obwohl es feucht und saukalt war. Ich blickte an die Decke. Zwischen den Ritzen der Bretter quoll flaumiges, weißes Isoliermaterial hervor, wie ein quellender Schimmelpilz. Ich blickte an die Wand. An ihr waren feuchte Flecken. Unter den Fensterbänken blätterte der Verputz ab und zwischen den Fenstern lagen hunderte, tote Fliegen. Ob Ivo keine von der Post bezahlte Putzfrau für das Postamt hat? Irgendetwas hatte mit dem Faxen des Zahlscheines noch nicht geklappt. Er versuchte es nochmals. Die junge Frau war wieder gegangen, da läutete das Telefon. Ivo wandte sich zu mir, um sich kurz zu entschuldigen, bevor er den Kopf neigte und tief in das Gespräch versank. Ich sah die kleine Glatze am Hinterkopf, den schnurgeraden Mittelscheitel am Vorderkopf, von dem aus er die schwarzen Haare nach links und nach rechts zu den Ohren kämmt.

Auf der abgeschabten gelblichen Holztüre der Telefonzelle Nummer eins hing der Postkalender von diesem Jahr, mit lustigen Zeichnungen im Stil der fünfziger Jahre. Auf der Tür von Zelle Nummer zwei klebte ein Reklamezeichen für Visa-Card, was dem Postamt einen globalen Touch verlieh. Niemand auf Mali Otok, auch nicht die Post, nimmt Plastikgeld. Das Plakat ist nichts als eine freundliche Täuschung für Touristen. So bekommen sie vom Inselleben gleich einen falschen Eindruck. „I am sorry", sagte der Postmann, nachdem zum dritten Mal das Telefon klingelte. Er hob ab. Es war dienstlich. Jemand wollte eine Auskunft über die Abfahrtszeiten der staatlichen Schifffahrtslinie, die er alle auswendig weiß. Dann schob er zum dritten Mal den Zahlschein ins Faxgerät aus den späten achtziger Jahren und sagte: „Sorry, it does not work." Nun hatte auch ich schon einmal so einen Fall in meinem Büro, vor nicht allzu langer Zeit, als ich noch ein Büro hatte, und wusste, wie es geht. Ich sagte: „Der Zahlschein ist zu klein, du musst die drei Zahlscheine ganz einfach auf ein Blatt Papier im A4-Format kleben." Er sagte: „Aha!", reckte den Zeigefinger in die Luft, zeigte auf ein Klebeband, klebte die Scheine mit dem Band zusammen und schob die Scheine ins Faxgerät. Er strahlte: „Es geht!"

Mittlerweile war es zehn Uhr dreiundvierzig. Als ich nach Hause kam, funktionierte mein Telefon wieder. Die Welt war wieder mit mir verbunden. Ja, das dachte ich damals tatsächlich noch. Ich dachte, die Welt braucht mich. Falsch gedacht. Denn kaum bist du auf der Insel, scheinst du irgendwie unerreichbar. Bleibst du länger, gehst du bald niemandem ab.

Am Küchentisch stand ein Sack voller frisch gepflückter Orangen aus Angelos Garten. Und ein kleinerer mit Zitronen. Die schenkt er mir jedes Jahr. Sie sind ein Schatz. Erstens sind sie ungespritzt und zweitens schmecken sie süß und drittens denkt wer an mich.

Daheim war es klamm, obwohl die Radiatoren schon seit zwei Tagen eingeschaltet waren und der Herd glühte. Die Fenster und Türen waren nicht dicht. In einer alten Daunenjacke, wattierten Hosen, Stiefeln und Schafwoll-Socken ging ich im Haus herum. Stanleys Foto stand am Regal neben dem Telefon. Ohne Bild wäre die Erinnerung an ihn vielleicht verblasst. Durch das Foto aber bekam ich Sehnsucht nach seiner Stimme, nach diesem leichten Überschlag, wenn er vom rauen Timbre in ein höheres, helleres wechselte. Ich wollte ihn hören. Jetzt. Ich wählte seine amerikanische Telefonnummer. Eine Frauenstimme antwortete ungehalten: „Stanley ist nicht da." Gegen die Eiseskälte, die sich nun in mir breitmachte, half keine zusätzliche Wollunterwäsche und auch keine heiße Lammsuppe. Ich reiste früher ab als geplant.

Schäferidylle

Erst im April kam ich wieder. In fünf Inseltagen hatte ich die Reste vom Vorjahr, garniert mit frischem Wildgemüse, mit Eiern von glücklichen Inselhühnern und Haltbarmilch aus dem Genossenschaftskaufhaus, aufgegessen. Das Tiefkühlfach war nun leer, frei für ein Lamm, das mir ein rüstiger Frühpensionist versprochen hatte. Wann er es bringen werde, wusste er aber nicht, er musste seine Lämmer erst suchen. Er sagte, sie würden im Norden der Insel weiden, wo er sie nicht unter Kontrolle habe. Er hatte mal welche, die fand er erst nach einem Jahr. Ach, keiner ist hier so wie Angelo, der seine Tiere auf der eigenen, mit einem Steinwall umgebenen Weide hält, der zu gegebener Zeit täglich zu seinen Schafen fährt, um sie sogar zu melken. All die anderen sind nur am Fleisch interessiert, weil melken zu viel Arbeit macht.

„Eehh“, sagte der Frührentner, als ich ihn auf die versprochene Lamm-Lieferung ansprach, zu seiner Frau, einer quirligen Kindergärtnerin aus der Stadt, die die Hosen in der Ehe anhat, wenn sie am Wochenende bei ihrem vorzeitig pensionierten Insel-Ehemann wohnt. „Eehh, wo sind die Schafe?“ – „Wie soll ich das wissen?“, antwortete sie, „und wir werden auch keins mehr verkaufen, weil wir es selber brauchen.“ Punkt, aus. Er widersprach ihr nicht, unser Geschäft war geplatzt. Was der Herdenlose sonst macht, außer nach Lust und Laune Schafe zu suchen? Ich fragte einmal seinen Bruder, der schon ein fortgeschrittener Rentner ist. „Nichts“, war die Antwort. Er vermietet zwei Wohnungen in der Stadt und davon lebt er. Das geht sich auf der Insel locker aus.

In diesen Tagen wachte ich um sechs Uhr auf, machte mir einen Tee von den frischen Blättern der Zitronenverbenen, die hier in jedem Garten wachsen. Kein Einheimischer macht Tee aus ihnen, weil man nie Tee aus ihnen gemacht hat. Früher hat man sich vor dem Kirchgang ein Büschel davon in den Ausschnitt oder ins Knopfloch gesteckt, weil es kein Parfum gab. Jetzt kauft man sich den Duft im Drogeriesupermarkt der nahen Stadt oder am Flughafen im Duty-free-Shop. Ich tat ein wenig Tee zum morgendlichen Wasser, das sich dadurch leichter trinken ließ. Ich hatte mir das Wassertrinken auf einer Kur angewöhnt und halte mich seither, wenn möglich, daran. Und dann halte ich mich auch an die Anweisungen von Laufpapst Strunz, den ich vor Jahren in einem Laufseminar erlebte. Er sagte: „Raus aus dem Bett und rein in die Laufschuhe. Nicht zögern. Wer nicht am frühen Morgen läuft, läuft gar nicht.“

Es war der erste warme Frühlingstag, und die Sonne ging gerade auf, als ich loslief. Sie stand noch tief und blendete mich und so konnte ich die Steine und Gräser unter meinen Füßen nicht scharf genug sehen. Das machte mich ein wenig unsicher, weiß ich doch, dass die ersten, schrägen Sonnenstrahlen die Schlangen aus ihren Mauerlöchern hervorlocken. Sie kriechen, noch ein wenig steif von der kühlen Nacht, zum Sonnenbaden auf den Weg heraus. Ich musste mich auf meine Ohren verlassen. Ich konnte hören, wie sie vor meinen Schritten flüchteten. Ein kurzes Rauschen, das sich entfernte, das war es. Und danach das Gefühl, dass sie einen aus den Ritzen der Mauern mit ihren Schlangenaugen beobachten.

Angelo ritt auf seinem Quad vorbei, weil er seine Schafe melken musste. Ein paar Kurven weiter, schon im Gebiet der Weideplätze, lehnte er an einer Mauer. Ich machte halt. Er legte den Finger an seine Lippen, bat um Ruhe, bog seine rechte Ohrmuschel mit einer Hand vor und lauschte. Ich machte es ihm nach und lauschte auch. Wer seine Schafe nicht sieht, muss versuchen, sie zu hören. Und tatsächlich, nach einer Weile vernahm ich den Klang eines Glöckchens. Angelo strahlte vor Besitzerstolz.

Ich lief bis zu dem Kirchlein in der Bucht. Der Vorplatz war übersät mit einem Teppich aus duftenden Veilchen, die Myrten standen in voller Blüte, es blökte rund um mich her. In ausgehöhlten Baumstämmen blühten dort, wo sich ein wenig Erde einnistet, lila Zyklamen.

Auf dem Heimweg lief ich, wie immer, an Vinkos Haus vorbei. Ich wünschte ihm einen guten Morgen. Er sagte: „Du hast einen Gesundheitsfimmel. Lauf nicht zu schnell. Halte inne! Genieße! Every day can be the last. Wenn du tot bist, nützt dir das ganze gesunde Leben nichts."

Später besuchte ich Angelo in seiner Käsekammer, dem Ort, an dem er täglich seine Käselaibe streichelt, was sein muss, damit sie reifen. Sie lagen nebeneinander auf der Stellage in, sagen wir, natürlichem Ambiente. Angelo kümmerte sich um seine Käselaibe wie um eine Kinderschar. Täglich machte er drei neue, bürstete die jungen mit Meerwasser und rieb die älteren mit Öl und Essig ein. Die Kühlung der Kammer kommt nur von der dicken Steinmauer und die Bakterien in diesem Raum hatten Jahrhunderte überlebt. Angelos Käseküche ist museumsreif, so wie die ganze Methode, mit der der Zwei-Meter-Mann Käse macht und sich dabei den Rücken ruiniert: Zuerst rumpelt er über Stock und Stein mit seinem Quad auf die Weiden, dann melkt er die Schafe, wobei er sich bücken muss. „Noch nie was gehört oder gesehen von einem modernen Melkstand, auf dem man mit einer Maschine Tiere bequem melken kann?" Nein, hat er nicht. Und schon dreimal hatte ich ihn nach Österreich eingeladen und einen Besuchstag in einer modernen Biokäserei reserviert. Da wollte er doch so gerne hin. Aber er fand dazu keine Zeit. Er sagte: „Ich kann nicht. Ich kann nicht weg von der Insel. Bin ich weg, bricht hier alles zusammen."

Er schenkte mir ein paar Petersilienpflanzen, Salatpflanzen, Paprika und Paradeiser. Die setzte ich am nächsten Tag im Garten ein, als die verwirrte Violetta um die Ecke bog. Sie trug ein Lämmchen im Arm. Das wollte sie mir schenken. Sie sagte: „Du bist jetzt seine Mama. Ich habe was anderes zu tun." Aus einer Wasserflasche und einem Gummihandschuh hatte sie ein Fläschchen mit Schnuller gemacht. Das Lämmchen lief in die Küche, sprang durch das Wohnzimmer und schaute neugierig in die offenen Kästen. Ich hatte Mühe, es einzufangen. Violetta sagte, es sei drei Tage alt. Ich nahm das Lämmchen auf, es war winzig. Oohh, war das kuschelig und fein und es drückte sein Köpfchen ganz von selbst dicht an mich. Es duftete wie ein Wollpullover und adoptierte mich sofort, und fast wäre ich schwach geworden. Aber ich fing mich und sagte mit fester Stimme zu mir: „Nein." Noch bin ich nur Gast auf dieser Insel, noch kann ich nicht täglich hier sein, und dieses Tier wird mir sofort ans Herz wachsen. Aber schön war es doch, so einen kleinen warmen Körper ganz nah zu spüren. Schön war es, jemanden zu streicheln, Zärtlichkeit zu erfahren. Ich drückte das Kleine noch fester an mich und sog seinen warmen, heimeligen Duft tief ein.

Als ich meine Nase wieder aus dem weichen Fell zog, war Violetta schon verschwunden. Nein, du entkommst mir nicht. Auf dieser Insel muss man nie lange suchen, um jemanden zu finden. Ich wusste, wo sie war. Sie stand bei ihrer Herde unter den Pinien. Sie lässt ihre Schafe frei herumlaufen, weil sie kein eigenes Grundstück hat. Violetta ist eine Zugereiste, deren Mann verstarb, nachdem sie drei Jahre auf Mali Otok gelebt hatten.

Das Lämmchen in meinem Arm schien ihr völlig fremd. Ich radebrechte auf Kroatisch, sagte, dass ich das Lämmchen zurückgeben wolle. Sie strahlte und erzählte mir eine Menge. Das Lamm kam in der Menge auch vor, und zwar als Braten. Ich gab ihr zu verstehen, dass ich dieses Lämmchen nie essen würde, überhaupt kein Lamm essen könne nach so einem Tag, und legte ihr das Kleine zu Füßen.

Inselkäse

„Welchen Käse produzieren Sie auf dieser Insel?" Das werden wir oft gefragt. Die Leute möchten gerne wissen, um welche Sorte es sich handelt. Sorte? Es ist ganz einfach Inselkäse, aus einhundert Prozent Schafmilch. Je nachdem, was die Schafe gefressen haben, je nachdem wie die Temperatur in der Käserei ist und welche Bakterien sich in der Luft befinden, reift dieser Käse heran. Er schmeckt jedes Jahr anders, mal scharf, mal mild, weil es eben ein Inselprodukt ist und als solches unberechenbar.

Angelo schüttet die frisch gemolkene Milch in einen großen Topf, erhitzt sie und gibt das Labpulver dazu, damit die Milch stockt. Danach kommt die Prozedur, die seit Jahrhunderten dieselbe ist: Topfen in

Tücher füllen, aufhängen, abtropfen, in Formen pressen, auf ein Regal legen, bis sich die Rinde bildet, täglich abwaschen, bürsten, einölen, reifen lassen. Der Käse, der daraus entsteht, ist ein naturgereiftes Produkt. Reif für einen Verkauf nach EU-Kriterien ist er nicht.

Im Sommer wird, statt eines warmen Mittagessens, oft grüner Pflücksalat „Radic", Brot und Käse aufgetischt.

Ein Festtag auf Mali Otok

Ein Festessen auf der Insel besteht nicht aus Fisch, sondern aus Fleisch, meist ist es Lamm. Es wird gekocht und gebraten. Zuerst gibt es Lammsuppe mit Nudeln, danach das in der Suppe gekochte Fleisch, als dritten Gang das gebratene Fleisch, dazu grünen Blattsalat, Radic. Als Nachtisch wird Obst serviert, zu besonderen Festen Strauben „Krostule".

Lamm/Fleischsuppe

Eine klare Suppe wird auf der Insel aus Fleisch, Knochen und Wurzelgemüse zubereitet, wie z. B. Sellerie, Karotten, Petersilienwurzeln, Portulak. Man gibt auch gerne Kohlblätter und Lorbeerblatt dazu, vielleicht eine Tomate oder, bevor man die Suppe mit Einlage aufträgt, Tomatenmark. Dies geschieht nicht nur wegen der Farbe, sondern auch wegen eines Hauchs von süß-saurem Geschmack.

Statt Suppennudeln verwendet man gerne Nudeln, die wie Reiskörner geformt sind. Man kocht sie vor dem Auftragen nur wenige Minuten, damit sie noch „al dente" sind.

Lamm

Gebratenes Lamm und mitgebratene Erdäpfel (Bauernbratl): Dazu wird das Lamm in Stücke geteilt, mit Olivenöl, Zitronenschalen, frischem Rosmarin, etwas Knoblauch und Salz gewürzt. In eine Kasserolle, die einen Deckel hat, gibt man ausreichend Olivenöl und Rosmarin, worin man die rohen, in dicke Scheiben geschnittenen Erdäpfel legt und gut schüttelt, sodass sie von allen Seiten mit Öl bedeckt sind. Darauf legt man die gewürzten Lammstücke und schiebt das Ganze bei niedriger Temperatur in den Ofen, wo es, gut zugedeckt, langsam gar werden soll.

Im Rosengarten

Ich kann tun und lassen, was ich will. Ich stehe auf, wann ich will, setze mich an den Schreibtisch, wann ich will. Schreibe, was ich will. Ich bin nicht die Einzige hier, die frei über ihre Zeit verfügt. Die meisten tun es, sogar die Wirte. Wenn sie keine Lust zum Servieren haben, machen sie den Laden zu. Da können die Touristen noch so ihre Köpfe schütteln. Ja, manche regen sich sogar auf. Sie haben noch nicht kapiert, dass eine Insel eine Insel ist, und wir hier in einer eigenen Welt mit eigenen Regeln leben. In der ziehen wir uns am Sonntag schön an, und gehen in die Kirche. Wir halten unser Mittagsschläfchen und essen um Punkt zwölf. Wir feiern Feste, dass die Bäuche platzen, und schreien, wann und wie es uns passt. Auch das ist erlaubt. Türen werden geknallt und danach ist man miteinander wieder gut. Der Mann will daheim eine nette Hausfrau, die ihm sein Essen richtet. Er will seine Ruhe, wann es ihm beliebt, und fischen gehen, wann es ihm passt. So einen Mann hat meine Freundin Diana. Ihr Mann heißt Edi. Er hatte in Las Vegas mal ein florierendes Lokal, aber das war lange her. Jetzt können die beiden recht gut vom Ersparten leben. Einmal sagte ich zu Diana: „Ich habe Edi noch nie arbeiten gesehen.“ Sie sagte: „Ich auch nicht." Sie haben noch ein Haus in Florida, wo sie im Winter wohnen. Im Sommer sind sie auf Mali Otok. Manchmal holen sie ihr weinrotes Mercedes 370 SL Cabrio aus den siebziger Jahren, ein Modell mit glänzenden Alu-Kanten und Alu-Felgen und cremefarbenen Ledersitzen, aus der Insel-Garage, um damit herumzufahren. Weil man auf der Insel aber nicht mit Autos fahren darf, bringen sie das Cabrio an die Küste. Dort gondeln sie durch die Gegend, parken vor den Cafés an einer von Palmen gesäumten Riva, steigen aus. Edi im grünen Ralph-Lauren-Shirt, Diana mit einer riesigen Sonnenbrille auf der Nase. Seit sie überall Fußgängerzonen machen, macht das Herumfahren keinen Spaß mehr. Darum bleibt das Cabrio zu Hause auf der Insel.

Auch die Jacht ruht in einer fernen Marina. Wozu herumfahren und sich mit gecharterten Booten um Anlegeplätze raufen? Es ist doch auf Mali Otok viel schöner und Edi ist müde, Tag und Nacht. Nur zum Essen wird er munter. Diana kocht vorzüglich. Sie kocht noch so wie früher: immer frisch das Gemüse, vom Fleisch das Beste. Und eine Nachspeise gibt es auch. Diana fragte: „Und was wirst du den ganzen Sommer auf der Insel tun?" Ich sagte: „Nichts." Das hatte ich mir vorgenommen, aber das konnte sie nicht glauben. „Nichts, wirklich 'nichts'?" Sie kannte mich nun schon ein bisschen vom Spazierengehen und schaute skeptisch. Sie glaubte mir nicht und lag nicht falsch damit. Schon oft hatte ich mir das Nichtstun ausgemalt und war auf keinen grünen Zweig gekommen. Ich muss immer was tun, egal was. Sie sagte: „Schreib doch Tagebuch. Schreib einfach darüber, über das Nichtstun. Damit hast du Arbeit genug."

Die Dämmerung senkte sich über den Waldrand, wilde Bienen summten. Sie ernteten die Blüten des Efeus ab, der so kräftig und süß duftet. Wir saßen still auf einer Mauer und lauschten ihnen. Es wurde langsam Nacht. Am Waldrand erhob sich ein riesiger Vogel. Langsam bewegte er seine Schwingen auf und ab, ein Rauschen in der Stille. Eine Eule flog in die Nacht.

Wir konnten stundenlang miteinander durch die Gegend schlendern, die Wildrosen bewundern, die an den Wegrändern wuchern, von den Steinmauern hängen, von denen es auf der ganzen Insel viele Hunderte Kilometer gibt. Es sind wunderschöne alte Steinmauern. Einst wurden sie von Menschenhand aufgetürmt, in Zeiten, in denen man auf den Inseln hart gearbeitet hat, nur um zu überleben.

Wir blieben vor der winzigen Bleibe stehen, in der Stanleys Mutter einmal wohnte und sich für ihre Familie abgerackert hat. Sie liebte Rosen, und den Strauch mit den kleinen champagnerfarbenen Rosen, der in voller Blüte stand, den hatte sie gepflanzt. Ich brach eine Blüte und steckte sie Diana an.

Im Mai blühte die ganze Insel. Es war eine Pracht. Ein Schwalbenpaar hatte sich unterm Dach ein Nest gebaut, aus Stroh und aus Schwalbenspucke. Aber noch rührte sich nichts in dem Nest, ganz anders als bei der netten Familie aus Zagreb, die bei der Kirche in einem Steinhaus, das sehr kleine Fenster hat, wohnt. Dafür ist die Weinlaube vor dem Haus groß und bietet Bänken, Tisch und Stühlen und sogar zwei Liegestühlen Platz. Sie luden mich einmal zum Kaffeeplausch. „Jetzt aber will ich Ihnen was zeigen“, sagte der Sohn, ein sympathischer junger Mann, und ging zu einer Schachtel. Er nahm ein kleines, schwarzes Vögelchen heraus, eine kleine Amsel. Er sagte: „Sie ist aus dem Nest gefallen“, und „jetzt füttere ich sie. Mal sehen, ob sie überlebt.“ Das Vögelchen klammerte sich an seinem kleinen Finger fest. Er holte ein Tellerchen mit kleinen Stückchen vom gekochten Eidotter und winzigen Stückchen Fleisch, nahm einen Zahnstocher und versuchte das Tier zu füttern. Das Vögelchen sperrte den Schnabel auf, aber die Eidotter rutschten vom Zahnstocher. Ich versuchte, ihm etwas mit den Fingern zu geben, das nahm es besser an. Vielleicht, weil zwei Fingerkuppen einem Mutterschnabel mehr ähneln als ein Zahnstocher. Nach einer Weile funktionierte es schon recht gut zwischen uns beiden. Mittlerweile saß das Vögelchen auf meinem kleinen Finger der linken

Hand und ich fütterte es mit Daumen und Zeigefinger der rechten. Es war ganz zutraulich. Es schluckte und brauchte immer wieder ein paar Minuten, bis es das nächste Stückchen aß. Klar, auch seine Mutter fliegt vom Füttern zum nächsten Füttern mindestens ein paar Minuten durch die Gegend, um neue Fliegen oder Mücken zu fangen. „Das Vögelchen will auch trinken", sagte der Vater und brachte einen kleinen Löffel und Wasser in einem Marmeladenglasdeckel. Er gab ein wenig Wasser in den Löffel, das Vögelchen sperrte seinen Schnabel auf und trank. Zwei Tage hatten sie es nun schon am Leben erhalten und es schien, als wäre es über dem Berg. Der Sohn nahm es wieder auf den Finger und bewegte seine Hand auf und ab, so dass das Vögelchen die Flügel öffnete und ein wenig Gymnastik machte. „Dem bringe ich auch noch das Fliegen bei", sagte der Sohn und lachte.

Ob sie es, anstatt in der Schachtel, nicht im Nest halten wollten, bis es fliegt, fragte ich. Aber sie sagten, das gehe eben nicht, denn aus dem Nest purzle es wieder heraus. Das schöne Nest war in der Weinlaube fest verankert und man konnte es nicht herauslösen. So war die Familie den ganzen Tag mit dem Vögelchen beschäftigt. „So ein Vögelchen macht mehr Arbeit als ein Kind", sagte der Sohn. Er sagte es, weil er noch kein Kind hat.

Wenn ich allein herumspazierte, grübelte ich herum. Ich dachte schon länger daran, eine Broschüre über die Insel zu verfassen. Der alte Ivo stand vor einem niedrigen alten Gebäude und polierte seinen alten Traktor. „Hi", sagte ich. „Hi." – „Darf ich reinkommen?" Ich bin neugierig, und kaum steht ein Tor zu einem alten Gebäude offen, bin ich schon drin. Nur um zu schauen, nichts weiter. Er sagte: „Ja, klar", und zeigte mir das kleine, ärmliche Haus, in dem seine Mutter geboren wurde, von innen. Es hatte eine Rauch-Küche mit einem offenen Kamin und einen Raum mit einem drehbaren, riesigen Mahlstein für das Getreide. Im Vorraum stand eine Kameniza, ein Olivenölbehälter aus Stein, und eine bunt bemalte Hochzeitstruhe. Im anderen Eck des Vorraums stand eine Amphore, ein zwei Meter hoher, bauchiger Wasserbehälter aus Ton, mit einem Deckel. Dort bewahrten sie das Trinkwasser auf. In einem vierten Raum haben die Leute geschlafen: die Mutter, der Vater und die neun Kinder. Ivos Großeltern waren arm. Das konnte man daran sehen, dass sie wenig Raum und nur einen einzigen Ölbehälter besaßen. Je reicher einer war, desto mehr Olivenöl besaß er.

Das Haus war eingeschossig und hatte einen schönen, alten Ziegelboden, der die ganze Fläche bedeckte. Und es war absolut trocken. Davor war ein kleiner verwilderter Garten mit blühenden Malven, mit einer Einfahrt und einem alten Tor. Aus dem Gebäude könnte man sofort, wenn man wollte, ein kleines Museum machen. Hierher würden all die alten Gerätschaften passen, die im Tourismus-Office seit Jahrzehnten vergammeln: Spinnräder, Spindeln, Küchengeräte. Im Tourismus-Office liegt seit Jahren eine Menge altes Zeug herum, feinsäuberlich unter einem Leintuch versteckt, damit niemand in Versuchung kommt, es für Touristen auszustellen. Ich sagte: „Mach ein Museum draus." – „Wie denn?", meinte Ivo, das Haus gehöre, wie so vieles, nur zu einem Viertel ihm. Darum kann er es weder renovieren noch verkaufen, weil die anderen Besitzer weder Geld noch Lust dazu haben oder nicht wollen. Ich sagte: „Na und? Ein Museum kann ja alt bleiben und man verändert nichts darin." Ivo wollte sich das überlegen, nach guter, alter Mali Art: Man überlegt so lang, bis es sich erübrigt hat oder es ein anderer zahlt.

Vinko flickte Netze, Maria nahm in einem hellblauen Plastiklavoir ein Fußbad. „Aaahh", stöhnte sie wohlig und bleckte ihre Zähne, „good for your feet and good for you." – „Hey", sagte Vinko, „just a little rest, you know." Dabei sprach er das „e" in „little" deutlich aus. „Was machst du den ganzen Tag?", fragte Vinko, er vermisste mich schon seit Tagen. „Ich schreib ein paar Inselgeschichten auf, für die Touristen." „O yeahh", sagte er, „there are many crazy people on this island. You know!"

Ich wollte unbedingt diese Broschüre machen. Doch würde ich einen Verleger finden? Niemals. Wer kennt schon Mali Otok? Wer will sie schon kennen lernen, diese unbedeutende, arme Insel? Vielleicht sollte ich die Broschüre selbst produzieren? Aber würde ich sie auch verkaufen? Ganz sicher, und zwar mit Verlust. Sollte ich nicht etwas Profitableres unternehmen? Ein paar alte Häuser kaufen, sie herrichten, wieder verkaufen? Die Insel war voll von wunderbaren Ruinen. Dazu müsste ich mir einen Partner suchen. Einen amerikanischen Handwerker, einen, der alles kann. In meiner ersten Zeit auf der Insel machte ich noch Pläne, auch, weil ich mit dem Nichtstun nicht zurecht kam.

Wilder Spargel

Um Ostern wächst der wilde Spargel. Er ist ein dorniger Strauch, dessen frische Sprossen man isst. Man pflückt sie, indem man sie an der „Sollbruchstelle" abbricht. Alle Inselmenschen strömen zum Spargelpflücken aus, Frauen wie Männer. Man bündelt ihn und gibt ihn in kochendes, leicht gesalzenes und mit ein paar Tropfen Öl versetztes Wasser. Er ist nach wenigen Minuten gar. Man isst ihn als Beilage, aber auch als Salat mit hartgekochten Eiern, Olivenöl, Essig oder Zitrone. Hat man noch ein paar letzte Kartoffeln vom Vorjahr, kann man den gekochten Spargel auch mit den zerstampften Kartoffeln und Olivenöl vermengen.

Wildgemüse

Mit Kartoffeln und Olivenöl isst man auf den Inseln das meiste Grünzeug, wie z. B. auch wilden Fenchel, Gundelrebe, Sauerampfer, Breitwegerich, Strandkohl. Weil sie verschiedene Garzeiten haben, muss man mit diesen Wildgemüsen experimentieren. Es gibt sie auch am Markt in der Stadt an der Küste zu kaufen, wo sie sehr preiswert sind.

Der Mann vom Vorjahr

„Stanley hat mit mir gestern telefoniert. Er kommt nächste Woche.“ Tante Sofia stand an ihrem Herd und rührte im Topf. „Oh, ich freu mich“, antwortete ich und tat dabei so, als ob es mich nicht sonderlich berührte. Ich meinte beiläufig: „Vielleicht hole ich ihn ab.“ Sofia strahlte. Ihr entgeht nichts. Sie will ihren Neffen in weiblichen Händen wissen, bevor er ein alter Kauz ist. Sie hatte mich zum Essen eingeladen, in ihr großes Doppelhaus mit den zwei großen Terrassen, die sie niemals benützen. Sie und ihr Mann wohnen im Keller, in ihrer Garage. Sie sagen, dass das praktischer ist. Unten im Keller haben sie eine Küche in Eiche, einen Emailherd, der auch das warme Wasser für die Heizung macht, und ihr Elektromobil, mit dem sie im Dorf herumfahren. Frank, Sofias Mann, zupfte gerade den gewaschenen Salat in eine große Schüssel. Er war konzentriert, er sprach kein Wort, er wirkte zufrieden. Es gab Hörnchen und Kaninchengulasch. Die Kaninchen hatte Frank im letzten Herbst erlegt. Sie hatten fünf Kilo Kaninchen eingefroren. Wir aßen schweigsam und als wir fertig waren, stand Sofia auf, um das Geschirr wegzuräumen. Ich machte mich erbötig, aber sie herrschte mich an: „Bleib sitzen! Warum bist du im letzten Winter nicht nach San Francisco gefahren, zu ihm?“ – „Wieso? Er hat mich nicht eingeladen und ich fahre doch keinem Mann nach.“ Sofia meinte, das wäre aber auf den Inseln anders. „Wenn man den Männern nicht nachfährt, sieht man sie gar nicht.“ Sie zum Beispiel folgte dem ihren nach Amerika, weil er sie von dort nicht einmal anrief. Ich dachte: „Das kenne ich doch.“ Nach den anfänglichen „I miss you“-Anrufen hatte er mir zu Weihnachten mitgeteilt, ich solle nicht auf ihn warten, und anrufen bräuchte ich auch nicht mehr. Und an die weibliche Stimme am Telefon im Februar wollte ich gar nicht denken. „Du musst sie an der Leine halten“, sagte Sofia, „sonst sind sie weg.“ Aber vielleicht war die Frau am Telefon eine Schwester, eine Putzfrau oder sonst wer. „Er kommt alleine“, sagte Tante Sofia. „Es ist zehn Jahre her, dass er eine Frau mitbrachte.“

Gegen Abend rief ich ihn an. Drüben war jetzt Mittag: „Wann soll ich dich am Flughafen abholen?“ Er sagte: „Am dritten Juni um zwölf Uhr.“ Und dass er sich auf mich freue. Kaum hörte ich seine Stimme, war die Vertrautheit wieder da. Was hatte er mir nur ins Ohr geflüstert in seiner letzten Ferienwoche? Mir wurde warm ums Herz, warm im Bauch. Ich werde nicht mehr alleine auf dieser Insel sein. Wie gut sich dieser Mann anfühlte. Ob er noch, wie im letzten Jahr, so schrecklich viel rauchte? Er rauchte drei, vier Päckchen am Tag und in meinem Tagtraum sah er plötzlich wie der „Marlboro-Mann“ aus: fesch, aber schwerkrank. Es war noch nicht lange her, da war der Marlboro-Mann aus der Werbung tatsächlich an Lungenkrebs gestorben. Ich nahm mir gleich vor: „Ich gewöhne ihm das Rauchen ab!“

Freitag um 12 Uhr war ein realistisches, ein nahes Ziel. Der Flughafen liegt am Festland, vierzig Meilen entfernt von hier. Ich würde den Katamaran um fünf Uhr früh nehmen. Und mich in den Tagen, die auf Freitag fehlten, schön machen, für ihn. Neun Monate waren vergangen, in denen wir uns nicht gesehen hatten. Neun Monate sind eine lange Zeit, und fünfundfünfzig ist nicht mehr zwanzig. Ich stand vor dem großen Spiegel im Badezimmer und fuhr mir durch die Haare. Sie waren strohig, aber das sind sie auf der Insel immer. Zu viel Sonne, Wind und Salz. Das wäre das eine. Das andere war, dass mir eine Frisörin lila Strähnen eingeredet hatte. Ja, ich hatte lila Strähnen im strohigen Haar und das sah nicht gut aus. Der Busen? Liebenswert. Schwimmen und Unterwassergymnastik lohnt sich. Ich drehte mich zur Seite. Als junges Mädchen hatte ich mir einen großen Busen gewünscht, Gott sei Dank, dass nicht jeder Wunsch in Erfüllung ging, damals. Aber was ist denn das an der Innenseite der Oberarme? Und an der Innenseite der Schenkel? Schlabber! Jetzt erst fiel er mir auf. Ob ich den schon lange habe? Yoga, Joggen und Schwimmen reicht offenbar nicht aus. Kampf dem Verfall! Ich werde gezielter trainieren. Auf den Waschzettel in der Küche schrieb ich: „Hanteln mitbringen." Im Kühlschrank war noch ein Joghurt, fast abgelaufen. Immer schicken sie uns die abgelaufenen Joghurts auf die Insel. Aber für eine kosmetische Verwendung war es noch gut genug. Ich schmierte es mir ins Gesicht und legte mich auf das große, weiche Sofa.

Ich wollte nichts anderes als einen Flirt vom Vorjahr am Flughafen abholen und schon schwirrte ich hin und her, schon war ich nicht mehr zufrieden mit mir. Ich sollte meine Haare wieder so tragen wie früher: halblang, haselnussbraun. Mit denen wirkte ich weiblicher, war mehr Frau. Ich war ganz schön aufgeregt. Ob er sich verändert hat? Ich bekam Lust auf Wärme und Sonne, Faktor zwanzig würde passen, das würde eine dezente Bräune ergeben. Vor dem Spiegel probierte ich Sonnenhüte. Der eine mit der gebogenen Krempe steht mir gut. Den würde ich in diesem Sommer tragen. Vielleicht sollte ich ihn auch am Flughafen aufsetzen? Nein, das wäre zu melodramatisch. Auf die Beine schmierte ich eine Creme mit Faktor zehn. Der reicht, die Sandalen an den braun gebrannten Füßen sollten doch hübsch aussehen. Die Nägel würde ich pink lackieren, wenn er kommt. Oder perlmutt? Ich schloss die Augen und hörte den Schwalbeneltern zu, wie sie einander zuzwitscherten.

Die kleinen Schwalben waren flügge. In nur drei Wochen waren aus den flaumigen Glatzköpfchen Halbstarke mit struppigen Federn geworden, die aus dem Nest drängten. Besonders der von links außen war frech. Er war der Erste aus dem Nest, der an den Rand stieg. Er plusterte sich auf, er putzte sich das Gefieder und begann mit seinen Flügeln zu rotieren. Er kam mir wie ein Propellerflugzeug vor, vor dem Start. Die anderen schauten zu und zogen ihre Köpfchen ein. Aber es war Krafttraining, noch flog er nicht davon. Wer kein Fernsehen hat, gibt sich eben dem Bird-Watching hin. Ich rückte mir einen Stuhl und eine Leiter zurecht. Soll ich mir Palatschinken mit Marillenmarmelade machen, hauchdünn? Oder esse ich besser ein Schinkenbrot? Ich kochte Kaffee, holte meinen Fotoapparat und versank unterm Nest zufrieden in kulinarischen und ästhetischen Genüssen.

Von Tag zu Tag wurden die Kleinen größer und nun sahen sie beinah wie die Alten aus. Nur ihre Schwanzfedern waren kürzer, die bildeten sich erst beim richtigen Fliegen aus. Sie hatten hellbraune Gesichtchen mit schwarz und weiß umrandeten Schnäbeln, die Köpfchen waren grau, die Rücken beinahe schwarz, doch noch nicht so glänzend wie bei den Alten. Sie hatten dunkelgraue Bögen auf der flaumigen, weiß gefiederten Brust. Immer wieder kroch der Linksaußen ins Nest zurück und versuchte die andern zu verdrängen. Er drängelte sich vor, wenn die Eltern zurückkamen. Sie fütterten ihn als Ersten durch.

Wenn ich auf die Leiter stieg, um ein Foto zu schießen, waren die Alten irritiert. Immer wieder segelten sie daher und kehrten vor dem Ziel um. Die Kleinen duckten sich und muckten nicht auf, bis es allen zu blöd wurde und ich, standhaft zwanzig Minuten auf der Leiter geblieben, mein Foto mitten hinein in ihre aufgesperrten gelben Schnäbel schoss.

Auf der Steinmauer lieferten sich zwei Eidechsenmännchen einen Kampf. Hoch aufgerichtet rauften sie miteinander, wie Dinosaurier in Hollywood. Ein paar grün schillernde Rosenkäfer brummten durch die Luft und landeten auf meinen Beinen. Sie lieben Sonnencreme und können diese kilometerweit riechen. Ich legte mich auf meine Liege aus Teakholz, atmete ein und atmete aus, anspannen, entspannen, ein bisschen Yoga tut immer gut. Peeling brauchte meine Haut keines mehr, das hatten Diana und ich schon vor ein paar Tagen im Meer erledigt. Wir rubbelten uns gegenseitig mit dem Sand den Rücken ab. Das Meerwasser prickelt danach auf der Haut und gibt ein Gefühl, „wie neu“ zu sein.

Am Abend vor seiner Ankunft trank ich, nach altem Inselrezept, eine Tasse Majoran-Tee mit Honig, um gut zu schlafen. Der Tee half gar nichts. Mein Schlaf war seicht und um vier Uhr früh, eine halbe Stunde vor der Abfahrt, stand ich schon an der Mole. Um elf nahm ich das Taxi zum Flughafen. Die Maschine aus Amsterdam war schon im Landeanflug.

Ohne Gepäck kam er durch die Tür, und es war, als wäre es gestern gewesen. Das jungenhafte Lachen, die lustigen Augen, die grauweiß melierten Haare, der getrimmte Schnurrbart, die verwaschenen Jeans und das locker über die Jeans fallende, hellgraue Hemd, dasselbe Hemd hatte er im Vorjahr angehabt, als er von Mali Otok abfuhr. Er war schlanker geworden und größer, ja, gewachsen war er seit dem letzten Jahr, ich hatte ihn kleiner in Erinnerung. Er war braun gebrannt, wie aus dem Urlaub, ein Sunnyboy der Seniorenklasse. Wir fassten uns an den Händen und tanzten wie die Kinder im Kreis.

Gepäck hatte er keines bekommen, es ging wohl zwischen Amsterdam und Chicago verloren. Und er hatte großen Hunger, weil er dieses Flugzeugessen nicht leiden kann. Sofort fuhren wir mit dem Taxi ins Restaurant. Es liegt direkt am Meer, unser Tisch war nur einen Meter vom Wasser entfernt. Fische schwammen unter uns. Mit einer Angel könnte man sich hier das Essen selbst fischen. Stanley bestellte einen heimatlichen Nussschnaps und einen Kübel Eis dazu. Er sagte: „Einen Kübel!“ Und Rotwein, offen. Er hat vielleicht Ahnung von Eiswürfelmaschinen, aber keine Ahnung von Wein. Noch war seine Seele in Amerika, und nur sein Körper war da. Der ganze Mann war noch im Transit. Wir bestellten Fisch. Der Ober zeigte, was er noch frisch hatte, so spät am Abend. Ich wählte ein kleines rotes Exemplar aus, mit zackigen Flossen und einem grimmigen Gesicht. Stanley suchte sich einen grau gestreiften Fisch aus. Er sagte genau, wie er den Fisch haben wollte: gekocht, da meiner sich weniger zum Grillen eignete. Was Fisch anlangt, ist Stanley Experte.

Wir redeten nicht viel. Wir schauten uns nur an. Seine bernsteinfarbenen Augen blitzten, und es blitzte das goldene Kettchen, das er am Hals trug, das störte mich schon im Vorjahr. Wir hielten Händchen, über den Tisch. Gegen seine manikürten Finger machten sich meine Klauen wie abgebissene Muscheln aus. Zuerst wurde die klare Fischbrühe aufgetragen, gleich darauf der Fisch, jeder auf einer Platte angerichtet. Ob er den Fisch entgräten dürfe, fragte der Ober. Ich sagte: „Ja, bitte." Er zerlegte meinen Roten und legte das Filet auf den Teller. Stanley zerlegte sein Exemplar lieber selbst. „Da stellen Sie bitte die Platte her", sagte er und zeigte auf den Platz zwischen den Gedecken. Er brauche keinen Teller und würde gleich von der Platte essen. Der Kellner zog die Augenbrauen indigniert hoch. „O Gott", dachte er sicher, „diese ungebildeten Auswanderer." So wie er servierte, hatte er sicher die Fachhochschule für Tourismus besucht. Und es kam noch schlimmer, denn wie gewohnt aß Stanley den Fisch ohne Besteck: er benutzte die Finger. Genüsslich lutschte er den Fisch bis auf die Gräten ab. Der Ober stellte diskret eine Schüssel mit Wasser und Zitronenscheiben aufs weiße Tischtuch.

Ein kleiner Knochen

Die alte „Maraskino", diesen langsamen Kahn, mochte er lieber als das Luftkissenboot. Auf ihm kann man im Freien sitzen und rauchen und sich der alten Welt in gebührendem Tempo nähern. Er fühlte sich in geschlossenen Räumen so eingezwängt und wollte beim Fahren das Meer spüren. Außer uns saßen noch ein paar seiner Verwandten am Oberdeck. Er ist ja mit der halben Insel verwandt. Sein Opa war zweimal verheiratet und hatte mit jeder Frau zwölf Kinder. Jeder wollte wissen, wie lange er denn bliebe. Er sagte: „Drei Monate, ganz genau!" Und ob er schon in Pension sei? „Ja, beinah." Und wie es den Kindern gehe? „Gut, danke." Er hatte drei, so wie ich, und alle drei waren schon erwachsen.

Er löste das Kreuzworträtsel fertig, das er in San Francisco begonnen hatte. Er fragte mich hin und wieder nach einem Wort. Sonst redete er nichts. Und dann begann er zu husten. Er hustete zum Gotterbarmen. Er hörte einfach nicht zu husten auf. Dieser Husten machte ihm sichtlich zu schaffen, ein trockener Husten, nichts kam rauf. Als er damit endlich aufhörte, sagte er, er habe Pillen, die den Hustenreiz stoppen. Doch die wären im Gepäck, und das sei noch wer weiß wo. Einer der Cousins schaute voller Mitleid zu uns herüber und fragte: „Wann endlich hörst du mit dem Rauchen auf? Du hustest dir ja die Seele aus dem Leib." – „Dagegen, gegen das Husten", antwortete Stanley, „hilft nur eines: Rauchen", hielt eine Packung hoch, nahm sich eine Zigarette heraus und zündete sie an.

Dann erzählte er von Amerika, wie hart man dort arbeitet und dass es gerecht zugeht, weil die Gewerkschaft so stark ist. Er war schon lange dort Mitglied und würde bald eine Pension ausbezahlt bekommen. Beigetreten sei er wegen der Rauchpause, die ihm zustand und die der Arbeitgeber nicht gewähren wollte. Dann nahm die Firma immer mehr Mexikaner auf. Mann, waren die faul! Und langsam! Das passte ihm nicht, denn er arbeitet schnell. „Du und schnell?" Ich hatte ihn als Stoiker, als ruhigen Inselmann in Erinnerung, als einen, der im Schatten herumsitzt, Boot fährt, das Meer beobachtet und sich wie eine Schnecke fortbewegt, wenn er mal zu Fuß gehen muss. Er sagte: „Wenn ich muss, kann ich schnell sein." Und, dass er keinen Chef verträgt, keinen, der ihm Vorschriften macht. So machte er sich selbständig. Wofür die anderen einen ganzen Tag brauchten, das machte er in einem halben. Aber nicht, um sich damit doppelt so viel Arbeit aufzuhalsen. Im Gegenteil. Wenn er am Vormittag alles erledigte, konnte er am Nachmittag zum Fischen hinausfahren.

Das Erste, was er sich in Amerika kaufte, war ein Boot. Das war ein Leben, draußen am Pazifik! Nicht so wie an der Adria, aber auch schön. Er heiratete ein nettes katholisches Mädchen. Sie bauten ein hübsches Haus auf Kredit, bekamen drei Töchter, und sie gab ihren Job auf. Er arbeitete rund um die Uhr für die Familie, am Vormittag, am Nachmittag und am Abend, immer mehr, immer schneller. Eines Abends fiel er von der Leiter. „Ach", sagte der Arzt, „sie haben sich einen kleinen Knochen am Unterarm gebrochen. Einen Knochen, den sie nicht brauchen. Wir nehmen ihn einfach heraus." Das war der Knochen, den er im Gepäck hatte, das noch irgendwo in der Luft war. Er sagte: „Eines Tages will ich mit all meinen Knochen auf Mali Otok unter der Erde liegen."

Er würde so wenig brauchen, auf unserer Insel. Er sagte: „Ich freue mich schon so darauf, dass ich die Schuhe ausziehen kann. Ich will den ganzen Sommer nur in Gummisandalen gehen." Er deutete den Umriss von Flip-Flops an. Ich sagte: „Damit ruinierst du dir die Füße und den Rücken dazu. Du solltest wenigstens Trekking-Sandalen tragen." – „Trekkingsandalen?" Von denen hatte er noch nie gehört, auch nicht von Trekking. Ich erklärte ihm, dass Trekking etwas mit Wandern zu tun hat, mit Bergen und Land. Einen fischenden Küstenbewohner interessiert so etwas nicht. Er hielt die Zigarette in der hohlen Hand, wegen des Fahrtwindes, er schaute sie an, als er sagte: „Ich will nicht wandern. Ich werde in den nächsten Wochen nichts tun, wirklich nichts. Ich will sehen, ob es funktioniert. Und dazu werde ich meinen Energieverbrauch auf das Minimum absenken."

Auf ein Minimum wollte er auch seine finanziellen Ausgaben reduzieren. Er hatte zwölftausend Dollars mit, für zwölf Wochen. Damit wollte er leben, sein Haus decken und die Fenster neu machen. Er war vom Fach und würde schon wissen, was er ausgeben konnte. Ich dachte, ihn würden die Handwerker sicher nicht ausnehmen, so wie mich. Und essen kann er ja bei mir. Wie ich mich schon darauf freute: Nicht mehr allein die Suppe löffeln. Gepflegt Essen, plaudern, Kaffee trinken. Und sich zu einer süßen Siesta niederlegen. Ich freute mich zu früh.

Zurück zu den Wurzeln

Ich setzte mir Stanley in den Kopf. Nicht, dass er mein Traummann war, und schon gar kein Idealfall. Aber er war da. Denn eines hatte ich in all den Wochen und Monaten, die ich alleine auf der Insel war, schon bemerkt: Allein sein, ohne Partner, ist nur dann schön, wenn man viel zu tun hat. Wenn ich schrieb, brauchte ich niemanden um mich. Und schon gar nicht, wenn ich baute, oder sagen wir es genauer: bauen ließ. Häuser umzubauen ist meine Leidenschaft. Ich wusste von Anfang an, dass ich mehr als ein Haus in diesem Land umbauen wollte, bevor es die anderen verschandeln. Allein der Gedanke juckte mich. Aber Stanley war auf die Insel gekommen, um zu seinen Wurzeln zurückzufinden. Er war wie ein Hündchen, das schnüffelt und schnüffelt und im Kreise geht, bis es den Platz gefunden hat, an den es gehört: den, an dem es geboren ist, an dem seine Mutter lebte, an dem der Vater saß. Dazu brauchte Stanley niemanden, schon gar nicht mich.

Kaum war der da, redete er schon vom Alleinsein. Er liebe es ja so, behauptete er. Ich glaubte ihm kein Wort. Er lebte allein, schon seit zwanzig Jahren. „Ach ja?" Wir standen an der Reling, er hatte seinen Arm um mich gelegt und zog mich dicht an sich. Wir schauten aufs dunkelblaue Meer, auf dem da und dort Plastikflaschen schwammen. Ein kleineres Fährschiff kam uns entgegen, Segeljachten waren unterwegs, die Passagiere winkten. Die Möwen segelten mit uns mit und schrien. Ein jeder, der auf der Insel landet, bringt seine Geschichte mit. Und ich habe noch keinen getroffen, der sie auf der Insel losgeworden ist. Darum musste ich die Geschichte immer wieder hören, und nicht nur ich. Er schleppte sie ja mit, auf Schritt und Tritt, und ließ sich von ihr jeden Weg in ein neues Leben verderben. Für seine Familie hatte er ein schönes Haus an der Pazifikküste gekauft, in einem kleinen verschlafenen Ort. Er hatte schwer dafür gearbeitet. Aber er nahm sich immer Zeit fürs Fischen, Zeit für sein Boot. Er hatte einen netten Kumpel damals, einen alten Montenegriner, einen mit grünen Augen und einem langen weißen Bart. Und ein paar Freunde zum Kartenspielen. Er sagte: „Eines Tages, da kam ich nach Hause, so wie immer, und läutete kurz, so wie ich es immer tat, bevor ich die Tür aufschloss, um die Kinder in die Arme zu nehmen, die schon auf mich warteten und 'Daddy, Daddy, wo warst du?' riefen." Und um der Frau einen Kuss auf die Stirn zu drücken, die fragte: „Hast du den Salat und das frische Brot mitgebracht?" Aber dieses Mal war im Flur Mäuschenstille, keiner war da. Am Küchentisch lag eine kurze Abschiedsnotiz: „Wir ziehen zu meinen Eltern nach Utah", stand drauf. Sonst nichts.

Als niemand im Haus war, drehte er durch, schrie, tobte, ging im Haus hin und her, schaute in jede Ritze. Nichts war zurückgeblieben von den Kindern und ihr, alles war weg, bis aufs Klavier. Er rief sie an. Sie war schon bei ihren Eltern. „Nein", sagte sie am Telefon, „bemüh dich nicht. Ich will die Scheidung." – „Und wann sehe ich die Kinder?" Sie schlug ihm vor, zu ihnen in die Salzwüste zu ziehen und sich dort eine Arbeit zu suchen. Darüber dachte er nicht einmal nach. Einen Dalmatiner in die Wüste zu schicken bedeutet lebenslange Haft. Er muss das Meer sehen, jeden Tag.

Im Sommer sperrte er seine Firma zwei Monate zu, um die Ferien mit den Kindern zu verbringen. Die Kinder liebten ihn mehr als sie. Er sagte: „Die Kinder werden mir auf Mali fehlen. Sie fehlen mir jetzt schon." Er sagte es, obwohl sie alle schon erwachsen waren.

Noch eine Stunde war es bis nach Mali. Er sagte: „Ich kenne im Meer hier jede Stelle." Mir war kalt. Das konnte man deutlich durch mein T-Shirt sehen. Er legte seine Hand auf mein Knie. „Komm, lass dich wärmen." Er zog mich an sich. Ich schloss die Augen und spürte Wärme, drehte meinen Kopf zu ihm und küsste ihn aufs Ohr. Das mochte er gerne, aber bitte nicht hier. Er will nicht, dass es die anderen sehen. Er sagte: „Benimm dich, du bist doch nicht mehr zwanzig." Oh doch. Ich bin mein Leben lang zwanzig geblieben, und er auch. Mit zwanzig ist man der, der man ist. Der Rest ist Tünche.

„Hast du jetzt eine Frau oder Freundin, drüben?“ Ich musste es wissen. „Nein“, sagte er. „Ich habe die Frauen satt, ob du es glaubst oder nicht. Ich will alleine leben, auch ohne dich.“ Ich hatte ja schon ein paar Andeutungen gemacht, doch gemeinsam ein paar Ruinen zu kaufen und zu renovieren. Er war der richtige Mann für meinen Business-Plan! Ein Top-Handwerker, der alles kann! Aber er biss nicht an, sagte: „Ich habe so viel gearbeitet in meinem Leben, jetzt will ich das Leben genießen und höre ganz zu arbeiten auf.“ – „Bist du dafür nicht ein bisschen zu jung?“, meinte ich. Er war erst achtundfünfzig. Ich konnte mir nicht vorstellen, dass ein Mann wie er einfach „nichts“ macht. Ich sagte: „Du kannst ja wenigstens dein eigenes Haus renovieren.“ Das brachte ihn richtig in Rage. Er erklärte es mir immer wieder. „Ich will nichts mehr tun. Nichts. Ich habe genug Geld und lasse mein Haus von anderen herrichten. Ich schaffe jetzt an, und das tut mir gut.“ Dafür und nur dafür hatte er einen Plan: Fürs Erste wollte er nur Dach und Fenster richten lassen. Richtig umbauen, mit allem was dazugehört, wollte er erst im nächsten Jahr. Dieser Sommer auf Mali Otok war ein Test-Jahr. Er wollte in diesem langen Sommer ausprobieren, ob er es auf der Insel für immer aushalten wird. „Forever?“ Er sagte: „Ja.“ Er wollte sich, wenn er sich dafür entscheiden sollte, keine Hintertüre offen lassen. Er war ganz und gar nicht so wie ich. Mein Lebenshaus war voller Türen. Man kann ja nie wissen, wohin die Reise gehen wird. Das fand er nicht.

Er sagte, dass die Männer zu viel arbeiten, ihren Frauen unnötiges Zeug kaufen und ein Haus bauen, und dann läuft ihnen die Frau davon. Anstatt zu arbeiten, um noch mehr Geld zu verdienen, sollte man lieber seine Bedürfnisse reduzieren und einfach leben. Er sagte: „Manchmal träume ich davon, überhaupt nichts mehr einzukaufen. Ich werde einen kleinen Garten haben, mit Gemüse, ich werde meine

Fische fangen und Hühner halten, für die Eier. Meine Mutter machte immer Eierspeise, als wir Kinder waren. Ich werde mich selbst versorgen. Und einen kleinen Luxus werde ich mir gönnen. Ich werde Rosen haben, vier, fünf Büsche. Ich liebe Rosen. Damit habe ich, wenn das Haus fertig ist, sicher genug zu tun." Er würde genug Geld für sein Boot brauchen, für den Diesel, weil Boot fahren teuer ist. Ich sagte: „Das macht nichts. Motorboote, die zwischen den Inseln für Geld fahren, werden dringend gebraucht. Du weißt doch, dass es keine öffentlichen Verbindungen zwischen den Inseln gibt. Es ist eine Marktlücke. Wir gründen ein Bootstaxiunternehmen, danach ist Bedarf. Dann schreiben wir den Diesel von der Steuer ab." Ich brummte ihm einen Plan nach dem anderen auf und dachte schon in „wir"-Kategorien, wo er doch für niemanden mehr verantwortlich sein wollte. Er sagte: „You do not listen! Du hörst mir nicht zu. Ich werde nicht Bootstaxi fahren. Ich will keine Holzfenster, die sich verziehen, wenn das Wetter wechselt, und keine Eisenbeschläge, die rosten. Dir macht das nichts aus. Ich habe mir doch dein Haus ganz genau angeschaut, im Vorjahr. Diese Wände, wie schlampig die verputzt sind! Und dann die alten, verzogenen Türen und die Fensterbalken, die bei jedem Regen klemmen. An deinem Haus musst du jedes Jahr etwas reparieren. Nein, ich gebe, wenn mein Haus fertig ist, keinen Cent mehr dafür aus."

„Und wie viel Geld gibst du fürs Rauchen aus, täglich?" Je näher wir der Insel kamen, desto mehr rauchte er. Eine nach der anderen, ein paar hastige Züge, dann drückte er die Zigaretten aus. Einer aus Mali hatte uns schon länger beobachtet. Er legte ihm die Hand auf die Schulter und sagte: „Ey, Stanley. Hör mit dem Rauchen auf. Tu was dagegen." – „Tu ich", sagte Stanley. Er drehte sich vom Wind weg, steckte seinen Kopf in die Jacke, so, dass man nur seine weißen Haare sah, und verbrauchte ein paar Zünder, bis die nächste Zigarette brannte. Ich fragte: „Wo wirst du denn heuer wohnen?" Er sagte: „Im kleinen Häuschen meiner Mutter, dem schäbigsten Häuschen im Dorf." Das stimmte. Ich hatte ja erst kürzlich eine champagnerfarbene Rose vor dem Häuschen abgebrochen. Es ist klein und feucht und liegt an der Hauptstraße. Es ist ein Loch. Ich sagte: „Du kannst auch bei mir wohnen, ich habe viel Platz." Das war selbstverständlich für mich. Für ihn nicht.

Er wollte in Ruhe gelassen werden. Aber auch geliebt. Er klammerte sich an mir fest, als wir der Insel näher kamen. Der Leuchtturm, das Kap, die Einfahrt, der Hafen, die vielen kleinen Häuser wurden größer und die Menschen, die auf die Fähre warteten. Freudentränen kullerten seine Wangen herab.

Wassersparen

Das Fahrrad hatte mein Gefühl für Distanzen und meinen Zeitaufwand für alltägliche Transportwege völlig verändert. Wofür ich früher zwanzig Minuten brauchte, etwa um von zu Hause auf die Post zu gehen und wieder zurück, dafür benötigte ich jetzt vier Minuten. Brauchte jemand etwas von mir, sagte ich: „Ich bin sofort da." Und schwang mich auf das Rad. Ganz andere Beinmuskeln als beim Gehen oder Laufen wurden trainiert. Ich gewann diesem Fahrrad immer mehr positive Seiten ab. Wo ich früher, wenn ich jemanden auf der Straße traf, stehen blieb, um mich nach dessen Befinden und dem der Verwandten zu erkundigen, fuhr ich jetzt radikal durch. Ich hob die Hand zum Gruß, rief einmal kurz „bog", „ciao" oder „salve", je nach Laune, und fuhr davon. Nur bei wichtigen Personen machte ich halt. Etwa beim Installateur, auf den ich seit Wochen wartete. Er ist der letzte Inselmann, der noch keinen Quad hat. Dafür ist er der einzige Installateur. Wer außer mir noch Rad fährt und sich aus eigener Kraft fortbewegt? Der emeritierte Universitätsprofessor. Aber auch der liebäugelt schon mit einem elektrisch betriebenen Golfwagen.

An meinem Schweiß beim Joggen saugten die ersten lästigen Fliegen. Ein Einheimischer setzt sich in diesem Fall schon hin, in den kühlen Schatten, wo er nicht schwitzt und deshalb auch keine Fliegen anlockt. Aber ich war nur eine Zugereiste und brauchte Bewegung. In der Bewegung bin ich kreativ. Ich brauche mir nur ein bestimmtes Thema vorzunehmen, wenn ich zu laufen beginne, dann kommen nach ungefähr zehn Minuten die Gedanken in Fluss und irgendwann, ganz von alleine, kommt die Lösung. Es ist, wie wenn man einen Schalter aufdreht: Plötzlich ist Licht. Am besten funktioniert es, wenn der Kopf entrümpelt ist, von all den überflüssigen Alltagsproblemen, dann ist er frei für den Jogging-Kick. An diesem Montag hatte sich das Thema von selbst ergeben. Meine Küche war voller Fliegen, und die Mücken hatten mich nachts nicht schlafen lassen. Ich hatte schon alles Mögliche probiert: Klebestreifen, Gift, Duftkerzen halfen nicht. Darum sagte mir die Eingebung an diesem Morgen, während ich lief: „Kaufe Fliegen- und Moskitogitter! Sie sind die einzig wirksame Lösung für dein Problem." Kaum war ich vom Joggen zurück, erteilte ich dem Inselbaumeister den Auftrag zur Bestellung und Montage. Siebzehn solcher Gitter für siebzehn Fenster waren nicht billig. Ich dachte, vielleicht kann ich woanders sparen.

Sparen ist schick. Ich kenne Leute, die sind Millionäre, aber sie kaufen im Supermarkt, aus Prinzip, abgelaufene Ware und ihre Anzüge ausschließlich im Schlussverkauf. Andere laufen von einem Supermarkt zum anderen und vergleichen die Preise, bis sie zuschlagen. Am Lande und besonders auf einer angenehm temperierten Insel spart man anders. Man wartet nicht auf das Sparangebot im Baumarkt, wo sie fünfzig Bambusstangen zum Preis von zehn anbieten. Man sucht sich die Stangen aus einem anderen Holz im Wald. Ich musste meine Tomaten auf Stangen aufbinden. Bambusstangen sind bequem, sie sind dünn und biegsam, man kann sie leicht in die Erde stecken. Aber sie sind aus China, wo sie die Minderheiten wie Sklaven halten, deshalb widerstand ich der Billigpreis-Versuchung. Vier Tage lang streifte ich durch das Gebüsch auf der Suche nach langen, geraden Stangen, was einfacher klingt, als es ist. Die meisten natürlich gewachsenen Äste sind nämlich krumm. Hatte ich einen langen, geraden Ast gefunden, musste ich ihn abschneiden, putzen und zuspitzen. Ich konnte auch nur die dickeren Äste verwenden, die dünnen brachen leicht ab. Nach vier Tagen zog ich Bilanz: Ich habe zum Suchen der Stangen circa neun Stunden gebraucht, zum Zuspitzen eine Stunde. Rechne ich dafür eine Facharbeiter-Stunde, die ich mir selbst bezahle, kosten die Dinger ein Vermögen. Nein, aber so darf man hier nicht rechnen. Zeit ist nicht Geld. Zeit zählt nicht. Wir Inselbewohner haben Zeit im Überfluss. Und wir können es uns leisten, frei gewachsene Tomatenstangen suchen zu gehen. Nach den vier Tagen standen zwanzig Findlinge, beinahe gerade gewachsen, in der Gartenerde. Spannte man eine Leinwand dahinter oder stellte man sie in einer Galerie aus, hätten sie als Kunstwerk gelten können.

Hat man auf der Insel keine großen Investitionen zu tätigen, so kommt man hier auch mit einer bescheidenen Rente gut aus. Rentner behaupten sogar, dass das Geld sich von selbst vermehrt, wenn es auf einer Bank liegt, während man auf Mali Otok wohnt. Man lebt mit dem Tauschhandel: zwanzig Eier gegen einmal Haare schneiden, eine Schraube gegen einen Nagel, ich tischlere dir was und du machst mir die Elektroinstallation. Es gibt nur eines, mit dem man hier wirklich sparen muss: mit dem Wasser. Jedes Haus hat eine Zisterne, die sich meist mit dem Herbst und Frühjahrsregen füllt. Meine Zisterne misst 40 Kubikmeter. Früher, in den alten Zeiten, ging sich das gut aus. Die Frauen haben sich nur das gewaschen, was man sieht, und die Männer gar nicht. Das Regenwasser verwendete man für den Garten und zum Kochen. Was man im Meer waschen oder putzen konnte, hat man hinunter zum Meer gebracht. So zum Beispiel wusch man die Schafwollsachen mit Meerwasser: von den Schafwollpullovern bis zu den Bettdecken. Das imprägnierte die Wolle so, dass das Gewebe nie von Motten befallen wurde. Legte man die Sommersachen im Winter und die Wintersachen im Sommer in den Kasten, gab man zur Aufbewahrung noch etwas Kampfer und Lavendel hinzu. Was man konservieren wollte, wurde ins Meer getaucht: die Oliven, der Schinken, die Feigen. Das sparte schon eine Menge an kostbarem Regenwasser. Viele Dinge reinigte man zuerst im Meer und spülte sie, wenn sie kein Salz vertrugen, anschließend nur mit dem Regenwasser aus der Zisterne ab. Nur die Pflanzen im Garten, die vertragen wirklich kein Salz – mit ihnen gingen die Frauen besonders sorgsam um. Grundsätzlich aber pflanzte man Gemüse, das keine Bewässerung braucht: Kartoffeln, Radic, Mangold, Petersilie, Kohl. Diese Pflanzen vertragen ein wenig Salz und sind besonders genügsam.

Ich machte den Deckel der Zisterne auf, sah, dass sie ganz voll war, und machte den Deckel zufrieden wieder zu. Da fiel mir ein, dass in diesem Sommer mehr Gäste als je zuvor anreisen würden, und beschloss, ab sofort mit dem Wasser zu sparen. Ich bekam geradezu die Panik und entwickelte einen Wassersparzwang. Wenn ich Gemüse wusch, dann wusch ich es zuerst mit dem brackigen Brunnenwasser, das leicht salzhältig ist und das die Gartenpflanzen nicht vertragen. Auch für große Töpfe oder zum Abspritzen der Terrasse verwendete ich das Brunnenwasser. Im Waschbecken und in der Dusche hatte ich zwei kleine Wannen stehen, in die ich das Duschwasser, aber nur das ohne Seife, und das Küchenwasser schüttete. Den Inhalt der Wannen fasste ich mit der Kanne aus. Damit goss ich die Gartenpflanzen. Im Klo spülte ich auch nicht jedes Geschäft hinunter. Ich goss auch kleinste Mengen an übrig gebliebenem Trinkwasser oder den Inhalt von Blumenvasen in den Garten.

Erstaunlich, womit man sich beschäftigen kann, wenn man nichts zu tun hat! Ein Beobachter würde sagen, man könnte die Zeit mit etwas anderem totschlagen. Ich hätte auf alle nachhaltigen Vorkehrungsmaßnahmen pfeifen und mir fehlendes Wasser im Sommer dazukaufen können. Sie bringen es mit einem Wasserschiff aus der Küstenstadt. Zuerst geben sie es an die Hotels und Tourismusbetriebe der Nachbarinseln ab, dann an unsere Restaurants. Wenn was übrig bleibt, bekommen es die Privaten. Ich wollte es einfach ausprobieren, wie es ist, wenn man mit Wasser spart. Und außerdem bemerkte ich, seit ich mit Regenwasser wusch, dass es für die Haut das beste Schönheitsmittel ist. Sie wird davon samtweich und trocknet nicht aus. Und tatsächlich fühlte sich meine Haut so weich an. „You feel so good." Vor wie vielen Tagen hatte er das gesagt? Wo war nur Stanley geblieben?

Dinner für ältere Herren

Der Sonntag im Juni war kühl und so stürmisch wie ein Tag an der Nordsee. Ich setzte mir eine Wintermütze auf, trug einen Schafwollpullover und einen Südwester und machte mich auf den Weg zu Nina. Bei ihr hatten sich ein paar Frauen zusammengefunden, um Kräutersträuße für die „Kräutersegnung" in der Dorfkirche zu binden. Es war der heilige San Antonio-Tag, und an diesem binden die Frauen seit Frauengedenken einen besonderen Strauß, den sie dann im Schlafzimmer aufhängen oder jemandem schenken, dem sie Gesundheit wünschen. Ein ganzes Jahr lang hängt der Strauß an der Wand, bis wieder ein neuer gebunden wird. Er soll das Haus vor Krankheit und wahrscheinlich vor bösen Geistern schützen. Ich wollte die Blumen und Kräuter einzeln fotografieren. Der emeritierte Universitätsprofessor, der die alten Bräuche der Insel sammelt und daraus ein Buch machen möchte, hatte mich darum gebeten.

Sie saßen schon vor der Haustür: Nina und Franka und Tante Sofia. Sie hatten die Pflanzen vorbereitet: Lavendel, Johanniskraut, Lorbeer, Nelken und Lilien, Gundelrebe und Schafgarbe, verschiedene Gräser.

Es war eine Mischung aus Gartenblumen, Wiesenblumen, Duftpflanzen und Heilkräutern, und es war nicht klar, was diese Blumen bedeuten könnten. Sofia meinte, irgendwann wohl sei einer Inselfrau das Kräuterbinden zum Zeitvertreib eingefallen. Bald machten es alle nach und dann machten sie einen Brauch daraus. Sie zeigten mir ein paar grüne Keulen. Und was war das? Nichts Besonderes, aber es sah hübsch aus, originell vor allem. Man nimmt eine Handvoll langer Lavendelstängel, die man biegt und zu einer Keulen-Form zusammenbindet. Ins Ende jeder grünen Keule steckten sie eine rote Nelke hinein. Das sah hübsch aus und würde sich in einem schicken Blumenladen in Wien sicher gut verkaufen. Und es roch gut, nach süßen Nelken und würzigem Lavendel. Und wozu die Keulen gut sind? Sie lachten. Na, um dem Göttergatten eins überzuziehen, wenn er zu spät nach Haus kommt. Man kann die Keule aber auch in den Kasten hängen, gegen die Motten. Sie sagten: „Hauptsache, man trifft sich zum Tratschen und kann sich dabei nützlich machen. Man kann ja nicht immer Socken stopfen oder stricken, nicht wahr?"

„Und", fragte Sofia, „wird Stanley bei dir einziehen?" Das also wollten sie wissen, die Kräuterfrauen. Ich sagte: „Nein, ist doch noch viel zu früh." Nina kicherte. „Na ja. Ihr seid ja auch nicht mehr die Jüngsten. Wie lange wollt ihr denn noch warten?" Sie hatte leicht kichern. Sie ist sieben Jahre jünger als ich. Franka hielt sich bedeckt und schwitzte vor lauter Anstrengung beim Kräuterbinden. Sie wollte ihn haben, den schönsten Lavendelkolben und den größten. Wir tranken Apfelsaft aus der Plastikpackung und Sofia nahm ein Aspirin, gegen die Migräne, und sagte: „Der Stanley ist ein Sturschädel."

Hatte eine von ihnen seine Mutter gekannt? „Oh, ja", sagte Nina. „Die war eine kleine, mit schwarzen Haaren. Sie lief immer geschäftig hin und her." Und ob eine den Vater kannte? Die drei Frauen schwiegen und zogen die Fäden, mit denen sie die Lavendelkolben umwickelten, fester an.

Sofias Strauß bestand nur aus dreizehn Kräutern. Warum nicht sechzehn? Der Professor, der die alten Bräuche so zurechtbiegt, bis sie in sein Weltbild passen, hatte doch sechzehn erwähnt. „Sicher nicht", meinte Sofia. Sie wisse es besser, denn der „Heilige Anton" sei am dreizehnten Juni, und deshalb wären es dreizehn und nicht sechzehn Pflanzen, und damit basta. Sie wissen auch nicht immer alles, die studierten Herren. Ihnen fehlt der gesunde Hausverstand.

Abends hatte ich den Professor, Stanley und Daro zum Essen eingeladen, zum Dinner für ältere Herren. Daro, Stanleys Cousin, war Strohwitwer, seine Frau war nach Medjugorje gefahren, dort wollen sie alle einmal im Leben hin. Der Professor, ein Junggeselle von achtzig Jahren, der im Sommer wie im Winter eine blaue Baskenmütze aus feiner Wolle trägt, lebte allein in einem viel zu großen Haus, mit viel zu vielen Büchern, und weil er nicht kochen konnte, aß er normalerweise täglich bei seinem Cousin Mile, der weder kochen noch Bücher lesen kann.

Stanley hatte eine champagnerfarbene Rose mitgebracht, aus dem Garten seiner Mutter. Die steckte er in ein Glas. Der Professor kam wie üblich früher. Er hatte Aufzeichnungen über den alten Kalender der Insel mitgebracht und ich hatte ein Buch über keltische Kalender gefunden. Die sahen denen der Kalamari-Inseln auffallend ähnlich. Wer weiß, woher die verschrobenen Insulaner wirklich stammen. Ihr Kalender war in Stäbe aus Holz eingekerbt. In jedem Haus hing so ein „Kalender" neben der Tür, doch es war keiner mehr vorhanden. Sie hatten alle Kalender im Laufe der Jahrzehnte verheizt. Könnte nicht Stanley so einen Kalender schnitzen? Die Fotos davon wären ja da und der Professor könnte ihn wissenschaftlich beraten. Stanley schnitzte manchmal zum Zeitvertreib an irgendwelchen Hölzern herum. Er sagte, wenn ich ihm das Foto vom Kalender vergrößern könnte, dann könne er versuchen, dieses Ding nachzumachen. Ich jauchzte innerlich, sah ihn schon in der Rente Kalender schnitzen, zu siebzig Euro das Stück. Stanley sagte: „Wenn ich einen Kalender schnitze, dann nur für mich alleine und nicht zur Reproduktion. Ich will keine Geschäfte machen!" Er merkte, wie mich das aufregte. Er sagte: „Cool down." Er meinte, ein bisschen mehr Ruhe täte mir gut.

Der Professor war schon nach Amerika ausgewandert, als Stanley und Daro auf der Insel noch die roten Fähnchen schwenkten. Sie waren Schulkollegen, hatten miteinander Fußball gespielt und waren mit dem Boot auf die Nachbarinseln gefahren, um sich dort die Mädchen von ferne anzuschauen. Stanleys Mutter machte für die Ausflüge immer Brot und Eierspeise, Mihos Mutter lud Stanley dafür zum Schnitzelessen ein.

Sie boten mir ihre Hilfe an. Ich sagte: „Ihr könnt mal den Tisch decken." Ich hatte schon alles hergerichtet. Ich hörte, wie sie miteinander stritten, auf welche Seite die Gabel hinkommt. Sie entschieden sich für rechts, und bald war der Tisch hübsch gedeckt. Mit den Gläsern hatten sie Probleme. Rotweingläser, Weißweingläser, Wassergläser. Wozu denn das? „Ein Mensch", sagte Stanley, „braucht nur ein Glas. Der Rest ist Schnickschnack." Daro meinte, er bräuchte zwei. Eines für Wein und eines für Wasser. Der Professor war auf meiner Seite. Er war schließlich in Harvard gewesen und hatte sich mit Etikette beschäftigt. Ihm gefiel auch die Menükarte. Ich hatte sie am Computer geschrieben und gedruckt, wie in einem Restaurant, und mit „Dinner for old boys" betitelt. Die beiden Cousins hielten nicht viel von Formalitäten, auch nichts von der Menü-Zusammenstellung. Ich hatte auf ihren Gesundheitszustand Rücksicht genommen, auf Cholesterinspiegel, Bluthochdruck und Blutzucker. Ich servierte Gesundes, das wunderbar schmeckt. Artischocken, Steaks, gekochte Kartoffeln, grüne Erbsen, gelbe Bohnen und Pilze. Die hatte ich im Herbst auf der Insel gefunden und getrocknet. Ich verwendete wenig Salz, Pfeffer durften sie sich selbst aus der Mühle über das Steak streuen. Zum Nachtisch gab es „Skuta" und Obst. Nach ein paar Stunden brachte Daro John nach Hause. Wir setzten uns hin, Stanley und ich, und schenkten uns noch einen kleinen Espresso nach, mit einem Schuss Cognac.

Ich hatte eine CD von Gulda aufgelegt, irgendwelche Variationen, angenehm für das Ohr, beruhigend für die Seele und ein ganz klein wenig intellektuell. Die Musik behagte ihm, mit Hippie-Musik, mit der ich meinte, ihn erfreuen zu können, fing er nichts an. Als er in den Sechzigern nach Kalifornien kam, hatte er zwar lange Haare, aber nicht weil er etwa Hippie war. Ein Zuwanderer arbeitete schwer und hatte kein Geld für Überflüssiges wie den Frisör. Er sagte, er hätte gern ein Glas Wasser, und viel Eis. Und dann erzählte er von seiner Mutter, die sehr einsam auf der Insel war. Alle ihre Kinder lebten in Amerika. Und jetzt, wo er mehr Zeit für sie hätte, lebte sie nicht mehr. Er hing noch immer an ihr. Sie hatte viel mitmachen müssen. Der Vater warf mit allem nach ihr, was er fand. Mit Holzstücken, Steinen und Flaschen. Stanley sagte: „Aber nur bei Vollmond." Aber er war auch lieb zu ihr gewesen. Es gab Momente, da saßen die Eltern müde zusammen auf einer Bank. Diesem Vater konnte ich gar nichts abgewinnen, und wenn er der allergrößte Fischer der Adria war. „Wenn ich die Wahl hätte", sagte die Mutter eines Tages zu ihrem Sohn, „würde ich ihn wieder nehmen." Aber sie hatte doch keine andere Wahl gehabt, auf dieser kleinen Insel. Als sie heirateten, war sie fünfzehn. Sie hatte doch keine Ahnung, was Freiheit bedeuten kann, Unabhängigkeit, Selbstbestimmung. Davon konnte Stanley ein Lied singen: „Amerikanerinnen lassen sich nichts gefallen, und irgendwann lassen sie dich sitzen, wenn du ihren Vorstellungen nicht mehr entsprichst."

Ich bat ihn um eine Zigarette. Das sah er nicht gern.

Blitve

Blitve ist ein Mittelding zwischen Mangold und Spinat. Die Blitva-Pflanzen auf den Inseln sind keine Hybriden. Sie vermehren sich von selbst, mittels Samen. Sie treiben aber immer wieder auch aus der abgeernteten Pflanze aus. Blitve sind ein widerstandsfähiges Wundergemüse, das zu allem passt, zu Fleisch und Fisch, zu Gekochtem, zu Braten.

In meiner ersten Zeit in Dalmatien konnte ich das Blitva-Getue nicht verstehen, weil echte Dalmatiner auch im Restaurant immer „Blitve" als Beilage bestellen. Immer! Fahren sie einmal ins Ausland und kommen dann heim, stürzen sie sich wie Verhungerte über ihren Spinat. Aber nun, da ich schon lange hier bin, will auch ich Blitve essen, und zwar in der richtigen Mischung, weil man sie immer mit Kartoffeln kocht.

Dazu gibt es verschiedene Glaubensrichtungen. Die einen kochen den Blattspinat in dem einen Topf und die geschälten Erdäpfel in einem anderen, zerstampften sie und geben die weich gekochten Blätter, mit Olivenöl vermischt, hinein. Die anderen kochen Kartoffeln und Spinat in einem Topf zusammen.

Mir schmecken beide Varianten, weil es in der Mischung vor allem auf die Konsistenz ankommt. Die bröckelig-cremigen Kartoffelstücke, die weichen, glatten Spinatblätter, das Öl dazwischen, ergeben einen schmackhaften Gatsch, nach dem man süchtig werden kann.

Der Sohn des Fischers

Es regnete an diesem verschlafenen Sommertag und niemand außer uns beiden saß in der kleinen Bar, vorne draußen im Freien, im Südwester, ohne Getränk, einfach so. Der Regen prasselte über die Plane und patschte direkt vor uns auf den Boden, ich fror. Als sich der Regenvorhang im Hintergrund lichtete, sagte er: „Komm. Wir gehen zu mir.“ Ich war ungern in seiner Bude, die noch schäbiger als die der anderen Dörfler war. Kalt und feucht und nur zum Überleben gebaut, nicht zum Wohnen. Man wohnt nicht daheim auf dieser Insel, man wohnt im Boot oder am Dorfplatz, es sei denn man hat eine Frau und ein Wohnzimmer. Die Frau, die man hat, ist blass und mürrisch und im Wohnzimmer riecht es nach Mottenkugeln. Er hatte keine Frau und kein Wohnzimmer und es roch nach Dieselöl. Ich setzte mich an den kleinen Küchentisch, er kochte uns Tee. Er entschuldigte sich für die Unordnung in der Küche. Papierkram lag herum, ein paar Rechnungen. Mit den Maurern hatte er schon abgerechnet und auch sonst alles bezahlt. Er brauchte nur noch seinen Ausweis in der Stadt abzuholen, dann konnte er nach Amerika zurückfliegen, in das Land, in dem er arbeitet, angeblich zehn Stunden am Tag. Sein Ticket war auf den zweiten September ausgestellt, aber er wollte früher hin. Seine Tochter wollte ihn Ende August in Kalifornien besuchen. Sie lebt in Utah, mitten in der Wüste, und sie wollte ihre kleine Tochter mitbringen, seine Lieblings-Enkelin. Sie hatte ihren Flug gebucht, in der Meinung, dass Daddy in der letzten Augustwoche in Kalifornien sei. „Wie? In der Meinung? Ihr habt euch keinen genauen Termin ausgemacht?“, fragte ich. „Nein“, sagte er. „Ich lege mich doch nicht fest.“ – „Nicht einmal auf einen Termin mit der geliebten Tochter, die du nur zweimal im Jahr siehst?“ – „Nein!“ Er war zum Nichtstun fest entschlossen.

Nichts mehr planen, nichts organisieren, nur das tun, was einem gerade einfällt, seine Launen leben, sich gehen lassen. Es gelang mir nicht. Ich fragte: „Hast du, um den Flug vorzuverlegen, die Fluglinie schon angerufen? Wenn nicht, wann rufst du sie an?“ Die Fragen hätte ich mir sparen können. Er hatte nicht angerufen. Natürlich nicht. Nur kein Druck, nicht einmal von der Fluglinie. „Vielleicht wird ja noch ein Wunder geschehen. Die denken sicher täglich an dich und rufen dich an.“ Jetzt verscherzte ich mir auch noch den Tee mit ihm. „Mr. B.“, werden sie sagen, „Mr. B., wir hätten da ein tolles Angebot. Gerade eine Woche vor ihrem Abflugtermin wurde ein Termin in der Businessclass frei, zum Preis der Economy, nur für Sie.“ Aber er reagierte nicht auf meine Scherze. Er goss mir den heißen Tee ein, stellte den Cognac und den Zucker auf das Tischtuch aus Plastik und zündete sich völlig gelassen eine Zigarette an. Die baumelte ihm aus dem Mundwinkel, als er den Küchentisch zusammenräumte und ein paar Zettel aussortierte, und als der Tisch schon wieder mit Aschefetzchen bekleckert und nicht sauber war, drückte er die Zigarette aus, klappte das Plastiktischtuch zurück und öffnete die Tischlade. Eine Zwirnspule, ein kleines Nähzeug, andere Dinge, an die ich mich nicht mehr erinnere, und zwei alte Hefte lagen drin. Ich wollte wissen, was für Hefte das sind. Er zögerte ein wenig, dann zog er sie heraus und legte sie hin. Er öffnete eines der Hefte, der fleischrosa Pappeinband war leicht zerkratzt und abgegriffen. Er blätterte über leere Seiten, dann waren die Seiten beschrieben. Es war die Schrift seines Vaters, des Fischers. Der hatte, ab 1968, ab dem Zeitpunkt, an dem der einzige Sohn nach Amerika ging, Buch über jeden Fang geführt, bis 1975, sieben Jahre lang. Die Seiten waren nach Jahren und nach Fischen geordnet, die Menge von Branzin, Aal und anderen Fischsorten wurde notiert. In schräger, fester Schrift war die Ernte des Fischers festgeschrieben. Am soundsovielten fing er fünf Aale zu insgesamt neun Kilo zehn, am soundsovielten ein einziges Tier, das vierzehn Kilo wog, seine schwerste Beute. Beim Branzin standen nur die Kilogramm pro Fisch-Tag am Papier, nicht die Stückzahl. Nicht an jedem Tag fuhr der Vater zum Fischen hinaus. An manchen Tagen saß er unter dem Baum und wartete auf besseres Wetter. Am Ende des Jahres rechnete er die Mengen zusammen und zog Bilanz. In sieben Jahren, so hatte der Sohn einmal zusammengerechnet, fischte der Vater mit der Angel fünfhundertachtzig Kilo Branzin aus der Adria. Viel für einen Mann, der nie ein Netz in die Hand nahm und dennoch ausschließlich als Fischer für den Lebensunterhalt der Familie sorgte. Fünfundachtzig Kilo Branzin holt heute ein Fischer pro Tag aus einer der zahlreichen Fischzuchtanstalten entlang der Küste. „Kein Branzin, der heutzutage in den Restaurants serviert wird, stammt aus dem freien Meer", erklärte er.

So saßen wir nebeneinander vor dem kleinen Tisch, jeder auf der Nase eine Lesebrille. Ich trug die seines Vaters und er die seiner Mutter. Wir blätterten in den Notizen. „Hatte er die Aufzeichnungen für jemanden, etwa für den Staat, gemacht? Er ist ja Berufsfischer gewesen." – „Nein. Er schrieb es nur für sich auf." Auf ein paar anderen Seiten hatte er noch den Benzinverbrauch für sein Boot notiert und den Preis, den er für das Benzin bezahlt hat. 1975 war eine größere Summe jugoslawischer Dinar ins Heft geschrieben, in einer kleineren und gleichmäßigeren Schrift. Stanley sagte: „Das habe ich geschrieben. Damals war ich daheim auf Besuch und wir haben den Motor verkauft. Der Vater konnte nicht mehr alleine aufs Meer hinausfahren, weil er schon krank war."

Das zweite war das Notizheft der Mutter. Ihre Schrift war schräg, wie die des Vaters, gleichmäßiger und zarter. Über drei Dinge führte sie über all die Jahre Buch. Erstens darüber, wer aus der Familie wann gestorben war. Dabei machte sie keinen Unterschied zwischen Tanten, Cousins oder dem eigenen Mann. Klar und nüchtern standen der Name und das Todesdatum da. Die Geburts- und Heiratsdaten waren auf einer anderen Seite zu finden. Im Vergleich zu denen, die starben, war es eine geringe Anzahl.

In einem anderen Teil des Heftes notierte sie, geordnet nach Jahren, die Namen der Besucher aus Amerika. Neben jedem Namen stand eine Ziffer. 2 bedeutete, man kam zu zweit, 3 man kam zu dritt, und so weiter. „Hier“, er rückte die Brille zurecht und zeigte auf 1975, „hier bin ich.“ Es stand nur ein Einser daneben und sein Name war auch nicht unterstrichen oder hervorgehoben unter all den anderen. Ein- bis zweihundert Besucher kamen pro Jahr in ihre Heimat, um die Eltern und Verwandten zu besuchen. Die letzten Seiten des Hefts hatte die Mutter in vier Spalten geteilt und mit den Jahreszahlen überschrieben. Über den Spalten standen die Namen der drei Töchter und der Name vom Sohn und darunter, wie viele Dollars die Kinder in dem Jahr schickten. Die Summen reichten von zehn bis hundert. Die Schwestern hatten der Mutter ungefähr doppelt so oft Geld geschickt wie der Sohn, dafür waren es kleinere Beträge. So wurden in den siebziger Jahren aus den Vereinigten Staaten ungefähr zwei, dreitausend Dollar den Briefen an die Eltern beigelegt. Sie hatten außer aus dem Fischfang und einer kleinen Rente ja keine anderen Einnahmen gehabt, und die Rente des Vaters war für Zigaretten aufgegangen. „Wegen der Zigaretten ist er dann wohl auch gestorben“, Stanley zündete sich noch eine an.

Als er nicht mehr aufs Meer hinausfahren konnte, schenkte er sein Boot einem Verwandten auf der Nachbarinsel, für den es noch nützlich war. Stanley holte eine Schachtel und zeigte mir ein Foto. Das Boot war klein und ganz aus Holz, es hatte Ruder und auch einen Mast. Man brauchte, um damit vorwärtszukommen, keinen Motor. Das Boot, meinte er, hätte er gerne wieder und würde deshalb bald mit den Verhandlungen mit dem Verwandten beginnen. „Das Boot gibt es noch?“ – „Ja, man muss es nur reparieren.“

Die Mutter sei, erzählte er, nach dem Tod des Vaters sofort nach Amerika geflogen. Wie er tot war, war sie frei. „Und zu wem flog sie?“, fragte ich. „Zu mir“, sagte er. „Ist doch klar.“ Im schwarzen Witwenkleid mit dem schwarzen Kopftuch, in der Hand den braunen Pappkoffer, so kam sie und blieb über ein Jahr. Ich nahm das kleine Messerchen in die Hand, das Messerchen seiner Mutter. Der Griff aus Holz, von ihrem Schweiß imprägniert, lag warm in meiner Hand. Die Schneide war nur noch wenige Zentimeter lang, sie hatte sie im Laufe ihres Lebens auf diese Kürze zugeschliffen. Was hatte sie nicht alles mit diesem Messerchen gemacht, Fische geputzt, Gemüse geschnitten, Holzspäne abgehobelt, hauchdünn. Ihr schwarzes Kleid und ihr schwarzes Witwenkopftuch legte sie bis zu ihrem Tod nicht ab. Stanley nahm mir das Messer behutsam aus der Hand. Er klappte die Bügel der Brille zusammen, verstaute die Hefte in der Lade, legte seine warme, schöne Hand auf meinen Arm und fragte: „Some more tea?"

Frische Fische

Je frischer ein Fisch ist, desto weniger muss man ihn würzen. Aber was ist ein frischer Fisch? Es ist einer, der frisch gefangen wurde, und einer, der noch dazu im sauberen, klaren Wasser schwamm. Denn was nutzt ein frisch gefangener Fisch, wenn er aus der Kloake stammt, etwa aus einem verschmutzten Meeresarm oder Hafen?

Jeden im klaren Wasser frisch gefangenen Fisch kann man roh essen! Das ist nicht jedermanns Sache. Deshalb gibt es das dalmatinische „Sushi", das „Carpaccio": Man putzt den Fisch und schneidet ihn in sehr dünne Scheiben. Die würzt man mit grobem Meersalz, Zitronensaft und Olivenöl. Fertig.

Achtung, giftig!

Es gibt einen einzigen Fisch, bei dem man aufpassen muss, wenn man ihn in den Händen hat. Es ist der „Pauk", auf Italienisch „Pesce Rana", der „Spinnenfisch". Er hat tatsächlich giftige Stacheln an seiner Rückenflosse. Diese Stacheln muss man vorsichtig entfernen, wenn man diesen Fisch isst. Kommt man mit ihnen in Berührung, tut es sehr weh. Ist man allergisch, kann es sogar Komplikationen geben.

Adriafische

Es gibt ungefähr dreißig Arten von Meeresfischen, die der Konsument kennt. Aber es gibt viel mehr Arten, die sich äußerlich nur geringfügig voneinander unterscheiden. Fische passen sich der Gegend an, in der sie leben, und so hatten die alten Dalmatiner für ein und dieselbe Fisch-Art in ihren örtlichen Dialekten viele verschiedene, aber präzise Ausdrücke.

Branzin

Der Branzin ist einer der besten Barsche. Er ist ein Allrounder, zum Kochen geeignet, aber auch zum Grillen, wenn er nicht mehr als zwei Kilo hat, weil er nur kurze Zeit, vielleicht zehn Minuten auf jeder Seite, zum Garwerden braucht. Problematisch wird es, wenn er zu groß ist, also über zwei Kilo und noch mehr wiegt. Dann sind die Grillmeister gefragt. Eine Alufolie nimmt dem Grillmeister auch die meiste Verantwortung ab.

Der Branzin lässt sich leicht züchten und ist im Massenbetrieb die „Forelle" der adriatischen Gastwirtschaft. Wobei ein gezüchteter Branzin gar nicht schlecht schmecken muss, wenn er richtig gefüttert ist. Fischzuchtanstalten befinden sich nämlich mitten im Meer, das Wasser ist frisch.

Er schmeckt am besten „dalmatinisch-klassisch": Vor dem Grillen wird er nur leicht gesalzen (wenn man ihn im Meer putzt und wäscht, salzt man nicht) und mit etwas Zitronensaft oder Weißweinessig eingerieben. Dann verliert er weniger Saft. Man kann ihn aber auch auf eine Folie legen. Feingehackte Petersilie, Knoblauch, Salz und Olivenöl gießt man vor dem Anrichten über den Fisch.

Fast Food

Die Linde im Hafen ist der Mittelpunkt der Insel. Jeder, der ankommt oder wegfährt, muss an ihr vorbeigehen, alle Wege führen zu ihr. Sie ist das Kommunikationszentrum, auch wenn manche stundenlang unter ihr sitzen und kein Wort miteinander reden. Noch war niemand da, außer uns beiden. Die meisten Leute schliefen noch. Stanley trug seine weißen, ins Graue verwaschenen Shorts und ein ausgeblichenes, grünes T-Shirt. Was immer er trägt, wirkt getragen und ausgebleicht, aber es ist immer frisch und mit Sorgfalt ausgesucht. Er weiß genau, welche Farben zusammenpassen, das Graublau zum Orange, das Beige zum Winterweißen, und Stanley weiß, welche Farben ihm stehen, er trägt sogar Rosa. Zu seiner braunen Haut, seinen Falten, den behaarten Beinen und den Gummischlapfen sieht es aus wie von Ralph Lauren. Es ist aber nur von Walmart und sicher über zehn Jahre alt.

Er war frisch rasiert und roch nach frisch gewaschener Wäsche. Er rauchte und achtete darauf, dass der Rauch nicht in meine Richtung zog. Er sagte: „Hier, wo wir sitzen, saß immer mein Vater.“ Er strich zärtlich über die Bank. Der Vater saß gerne unter der Linde, um in ihrem Schatten das Meer zu beobachten. Oft saß er tagelang hier und wartete auf den richtigen Augenblick, um hinauszufahren. Manchmal blieb er tagelang draußen. Da musste die Mutter zu Hause sehen, wie sie mit der Arbeit und den Kindern zurechtkam.

Nachdem sie aus Amerika wieder zurück war, und alleine, zog sie in des Fischers Refugium, die Bootsgarage, die reichte ihr. Stanley schlief in dem Bett, in dem seine Mutter die letzten Jahre ihres Lebens verbrachte. Das war schon viele Jahre her. Zehn? Einige ihrer Habseligkeiten lagen immer noch herum, er hatte nichts davon weggeräumt. Das fand ich etwas seltsam. Kann man denn je etwas Neues beginnen, wenn man sich nicht vom Alten gebührend trennt? Abends wollte er mich in das neue Fast-Food-Restaurant ausführen.

Ich hätte zwar lieber in meinem schönen Haus die wunderbaren Reste vom Altherrendinner am Vorabend gegessen, aber eine Einladung darf man nicht ausschlagen. Stanley versuchte, das Gefälligkeitskonto, das jeder Insulaner hier hat, auszugleichen. Gestern hatten wir bei mir geschmaust, also revanchierte er sich heute dafür. Gegen sieben Uhr zogen wir los.

Schon beim Eintreten in das Lokal hätte ich mir die Füße brechen können. Gleich von der Straße weg führen drei viel zu hohe und schmale Stufen in einen Raum mit vier Plastiktischen und zwei Plakaten an der Wand, auf denen rechts die Fische und links die Krustentiere der Adria abgebildet sind, die man hier leider nicht essen kann, weil sie nicht auf der Speisekarte stehen. Der Boden des Lokals war mit braunen Fliesen bedeckt, die Stufen auch, und damit man nicht ausrutscht, lagen Gummimatten darauf. Diese Matten waren um einen Zentimeter breiter als die Stufen. Sie bildeten einen weichen Rand, waren Stolpermatten, sehr unangenehm. Ich fühlte mich unsicher, als ich über die Stufen hinunterstieg. Es gab Pizza und noch ein paar vorgefertigte Kleinigkeiten. Wir bestellten Rasnici. Die waren innen noch kalt und roh. Dazu tranken wir eine Flasche Weißwein, der warm war. Also bestellten wir Eis dazu, das der Wirt erst erzeugen musste. Er hatte erst kürzlich wegen der vielen Amerikaner in eine überdimensionale Eiswürfelmaschine investiert. Und wegen der vielen Kinder, die im Sommer mit ihren Eltern Wandertouren und Segeltörns mitmachen mussten, vor die Tür „Fast Food" geschrieben. Bei mir zu Hause ruhten Qualitätsweine bei idealen Temperaturen im Weinkühlschrank, und im Gemüsefach vergammelte der bunte Salat vom Markt, aber ich sagte nichts. Vom Wein trank ich wenig, weil Weißwein mich munter macht, das mag ich am Abend nicht. „Munter?", sagte Stanley, „das brauch ich. Um Mitternacht fängt die Totenwache an." Einer seiner Cousins war gestorben, und nun musste er einem alten Brauch zufolge bei dem Verstorbenen wachen.

Das kühle Wasser der Eiswürfel hatte sich immer noch nicht mit dem Wein vermischt. Dennoch trank Stanley noch ein Gläschen. Er mag Eiswürfel. Sie kühlen seinen geräucherten Rachen. Ich mag Wein, wenn möglich ohne Eis und bitte richtig temperiert. Ich fragte ihn, ob er denn schon angefangen habe, sein Haus umzubauen, das Haus am Hügel. Dort wollte er ja in der Pension leben. Er hatte noch nichts getan, er sagte: „Kaum bin ich in Mali, tu ich nichts mehr. Ich streune herum und sitze da, ich schaue aufs Meer und lausche den Vögeln. Schon den Hügel hinauf zum Haus zu gehen, strengt mich so an." Aber auch das Herumsitzen machte ihn müde. Das Reden mit all diesen Verwandten hier. Und was ihm das Herumsitzen und das Reden bringe, mit Leuten, mit denen er nach vierzig Jahren nicht mehr gemeinsam hat als eine entfernte Verwandtschaft? Und was bringt ihm das Ausgehen an diesen schrecklich ungemütlichen Ort? Warum sitzen wir nicht in meinem schönen Haus mit der kultivierten Atmosphäre?

Gegen Mitternacht stand ich vom gastlichen Plastiktisch auf und überließ den Inselmann seinem Schicksal. Die Nacht war kurz, der Morgen kühl und als ich vom Joggen nach Hause kam, bewegte sich eine große Schildkröte auf mein Haus zu. Langsam kroch sie über den Weg. Vor der Hausmauer kehrte sie um und kroch wieder auf die andere Seite des Weges zurück. Bis zur nächsten Mauer. Sie bewegte sich so langsam wie die Menschen auf Mali. Es war beruhigend, ihr dabei zuzusehen. Sie wollte offensichtlich auf die Wiese nebenan. Also fasste ich sie am Panzer und kletterte mit ihr über die Mauer. Dort ließ ich sie frei und fühlte mich wie ein Pfadfinder, der einer alten Frau über die Straße geholfen hat. Vinko schaute mir dabei von weitem zu. „A turtle", sagte ich und deutete auf das Tier. Aber das war wohl nichts Besonderes für ihn. Er sagte: „Oh yeah, very slow, nice and easy. Hinterm Haus sind mehr davon!"

Very slow, nice and easy. Ein riesiger Schmetterling flog in meine Küche. Er setzte sich aufs Fensterbrett und gaukelte um die Scheiben herum. Ich dachte, vielleicht steckt eine verstorbene Seele in ihm. Der geht es jetzt gut. Er war auffallend bunt. Seine Flügelspannweite betrug über zehn Zentimeter. Ich sagte zum ihm: „Warte!“, und holte mein Bestimmungsbuch. Es war ein Erdbeerbaumfalter, daran bestand kein Zweifel. „Heimisch im mediterranen Raum, wo die Erdbeerbäumchen wachsen.“ Hinter meinem Haus wuchs ein ganzer Wald davon, kleine Bäumchen mit dunkelgrünen, glänzenden Blättern. Die Bäumchen waren übersät mit weißen, duftenden Blüten, aus denen im Herbst kugelige, knallig gelbe und leuchtend rote Beeren werden, die man essen und aus denen man Marmelade machen kann. Apropos Marmelade! Ich musste dringend in die Stadt auf den Markt. Ich brauchte Marillen und Weichseln, wenn es schon welche gab. Ja, ich will Marmelade einkochen. „Für wen, bitte?“, fragte Stanley. „Für die Kinder, die Gäste!“

Dalmatinische Pizza

Mein Haus hat in einem Nebengebäude eine alte Sommerküche mit einem offenen Kamin und einem Backofen. In ihm mache ich die Pizza selbst, denn dank der modernen Erfindung der Trockenhefe lässt sich im Nu aus Mehl, Salz, Hefe und Wasser ein Pizzateig herstellen. Wichtig ist es, dass man die Teigkugeln, die man ein zweites Mal knetet, ein paar mal auf die Tischplatte haut, bevor sie noch einmal gehen und man sie zu einer Pizza formt.

Ich gebe am liebsten Soße von geschälten Tomaten, fein geschnittenen dalmatinischen Schinken oder Sardellenfilets, Rukola und grob geriebenen Inselkäse drauf. Sardellenfilets habe ich immer auf Vorrat. Sie werden in Dalmatien erzeugt und sind ein beliebtes Mitbringsel. Deshalb habe ich noch nie welche selbst gekauft.

Die Tomatensoße koche ich im Spätsommer für die nächste Saison ein. Dazu werden die Tomaten gepflückt und in siedendes Wasser gege-

ben, dann lässt sich die Haut leicht abziehen. Die Tomaten am Stängelansatz ausschneiden, klein schneiden, dünsten, dazu etwas Salz und Zucker, fein gehackten Knoblauch, Basilikum und Olivenöl geben. In Behälter füllen und einfrieren.

Tod auf den Inseln

Wenn jemand gestorben ist, halten Freunde und Verwandte eine Totenwache. Dabei benimmt man sich so, als wäre der Tote noch lebendig, das heißt, dass man plaudert oder Karten spielt, strickt oder häkelt, sich wach hält. „Wo willst du mal begraben sein?" Ich hatte daran eigentlich noch nie gedacht. „Vielleicht einäschern und die Asche ins Meer streuen?" Tot ist tot. Ich konnte es mir nicht vorstellen, in einer marmornen Familiengruft zu liegen, neben den Gebeinen all der vor mir verstorbenen Verwandten, so, wie es auf Mali üblich ist. Stanley sagte, die Inselbewohner denken darüber anders. Sie leben mit dem Tod und sparen schon in Amerika für die Überstellung, wenn es so weit ist. Stirbt jemand auf der Insel, dessen Kinder in Amerika leben, so wird mit dem Begräbnis gewartet. Die Angehörigen müssen sich drüben Urlaub nehmen und einen Flug buchen, das braucht seine Zeit. Erst im letzten Jahr hatte man am Friedhof für diesen Zweck mit amerikanischen Geldern ein Kühlhaus erbaut, in dem man einen Leichnam lange aufbewahren kann.

Ein Friedhofsbesuch gehört zum Leben wie ein Kaffeehausbesuch. Auf Mali Otok ist sich jeder seiner Endlichkeit bewusst. Man besucht die Gräber, spricht mit den Verstorbenen, richtet die Plastikrosen gerade, wenn der Wind sie zerrüttet hat, schaut, wer noch aller heute da ist, und geht wieder heim. Die Friedhofspflege ist einfach. Die Gruftdeckel aus poliertem Marmor glänzen von alleine und die Blumen muss man nicht gießen. Auch die Tautropfen auf ihren Blättern sind aus Kunststoff. Stanley wirkte zerknittert. Er hatte sich gemeinsam mit fünf anderen im Haus der Toten wach gehalten. Sie hatten politisiert, abwechselnd Kaffee und Schnaps getrunken. „Habt ihr denn nicht geschlafen?“, wollte ich wissen. „Aber nein! Wachen heißt doch wachen!“ Gewisse Inselbräuche sind ernst zu nehmen. Um neun Uhr früh kamen dann endlich die ersten Verwandten vom Festland. In einem Leichenzug hatte man den Sarg zum Friedhof gebracht und im „Kühlschrank“ deponiert. Danach war Stanley nach Hause gegangen, um drei Stunden zu schlafen. Ich wagte nicht zu fragen, wie viele Zigaretten er in dieser durchwachten Nacht geraucht hat.

„Und wann fährst du in die Stadt, um den Koffer zu holen?“ Dreimal hatten die Leute vom Flughafen schon angerufen, was nun mit dem Koffer geschehen soll, der inzwischen angekommen war. Stanley hatte ja seinen kleinen Knochen drin, der seine Überreste dereinst vervollständigen sollte, und er wollte nicht, dass der Koffer alleine auf der Fähre nach Mali geschickt wird. Er könnte ja gestohlen werden. Er sagte: „Morgen zeitig in der Früh fahr ich in die Stadt, und am Nachmittag bin ich mit dem Koffer wieder da.“

Als ich am Nachmittag zur Fähre radelte, um ihn abzuholen, durfte ich schon vorher bremsen. Er saß in der Bar, im Kreis von zehn anderen Männern, die alle mürrisch dreinblickten. Die nächtlichen Totenwachen hatten sie schwer gezeichnet. Nein, er sei nicht zurückgeschwommen aus der Stadt, scherzte er, sondern gar nicht erst hingefahren. Er wird gebraucht und fährt erst morgen. Er wird mit all den anderen auf das Begräbnis warten. Am frühen Nachmittag hatten sie den Sarg vom Kühlhaus wieder in das Haus des Verstorbenen getragen, wo man ihn ein zweites Mal aufbahrte, damit die Verwandten, die an diesem Tag noch aus Amerika erwartet wurden, sich im Haus von ihm verabschieden konnten.

Die Inselmänner stierten vor sich hin. Stanley rührte in der Teetasse und stierte auch. Er wollte ja einer von ihnen werden. Ich trank einen Cappuccino. Er redete wenig, dafür rauchte er mehr. Die Fähre legte an und wortlos schleppten sich die Trauergäste an uns vorbei, ins Dorf. Hie und da wurde eine Hand zum Winken gehoben. Um halb fünf brachen die Männer auf. Sie mussten nun zum Haus des Verstorbenen, um den Sarg wieder zum Friedhof zurückzutragen. Sie hatten sich fein gemacht, trugen gebügelte, lange Hosen, auch Stanley. Er hatte sie aus dem Familienfundus. Nur die nahen Familienangehörigen trugen Schwarz. Der Leichenzug setzte sich ein letztes Mal in Bewegung. Neun Tage lang würde ab nun in der Kirche gebetet werden, eine Stunde täglich.

Ich traf mich im Café mit Diana. Mit ihr war alles einfach. Sie hatte ein Handy, ich hatte eines, und wenn ich mit ihr Kaffee trinken wollte oder sie mich zum Spazierengehen abholen, riefen wir uns zwanzig Minuten vorher an. Stanley sagte: „Ich will kein Handy. Wenn ich ein Handy habe, dann fällt das Warten weg. Und wenn ich nicht mehr warte, muss ich was anderes tun. Tu-u-u-n! Ich will aber nichts tun, gar nichts. In Amerika habe ich eh ein Handy, aber das ist nur für die Arbeit bestimmt."

An einem Tisch saß ein feister, älterer Mann mit einer jungen, blonden Frau. Die beiden turtelten. Sie nippte an ihrem Campari-Orange, das Glas hielt sie in ihrer linken Hand, ihre rechte lag auf seinem mächtigen Oberschenkel. Es war mucksmäuschenstill, bis man die Stimme hörte. Sie war laut und schrill und kam aus seiner Hose. Die Stimme rief: „Neno, Neno!" Es war sein Handy. Es hatte kein Summen, kein Läuten, kein Klingeln als Signal, sondern die Stimme der Ehefrau. Die Hand der Schönen sank unter den Sessel ins Dunkel, der Mann verschwand hinter dem Lokal zum Telefonieren. „Tja", sagte Stanley. „Deshalb habe ich kein Mobiltelefon. Stell dir vor, ich fahre hinaus auf das Meer zum Fischen und du rufst an. Wo bist du? Was machst du? Wann kommst du heim? Oder vielleicht bin ich auch mal mit einer anderen unterwegs, so wie der hier."

Abends gingen wir ins Gasthaus. Das Abendessen war von Anfang an ein Flop. Stanley hatte schon am Vortag Kalamari bestellt. Doch der Annehmer der Bestellung hatte vergessen, die Bestellung weiterzugeben. Also mussten wir was anderes nehmen, nämlich ein Steak. Endlich wieder ein Anlass, um sich über die Einheimischen zu beschweren. Er will es einfach nicht wahrhaben, dass vierzig Jahre vergangen sind, seit er weg ist, und dass er nicht deshalb weg ist, weil hier die Natur so schön ist und man den ganzen Tag die Angel ins Wasser halten kann. Er ging weg, weil es hier keine Arbeit und keine Perspektiven für ihn gab und Dollars nur als Almosen. Aber was hat er denn von seinem Amerika gehabt? Drei Kinder, zwei Kredite und eine Scheidung. Die schönste Zeit drüben, die hatte er am Pazifik, beim Fischen. Und das hätte er hier auch haben können. Ich hatte das Gefühl, dass er jene beneidete, die auf der Insel geblieben waren. Wer hier blieb, ist nämlich nicht von gestern. Einige haben viel mehr Bildung als die Jungs aus Amerika. Einige können ihre Kinder auf höhere Gratis-Schulen schicken; und die paar, die hier mit Gelegenheitsjobs ihr Auskommen finden, haben ein herrliches Leben im Vergleich zum Überlebenskampf eines dreifachen Fulltime-Jobbers in den USA. Sie haben in Wirklichkeit dasselbe wie er, nur weniger falsche Zähne im Mund und weniger Sorgen. Sie haben ein paar Olivenbäume, ein Haus und ein Boot. Mehr brauchen die Männer hier nicht, die Frauen schon.

Stanley rief die Kellnerin. Sie hatte glattes schwarzes langes Haar, haselnussbraune Augen, einen großen festen Busen, der sich ins T-Shirt schmiegte, und einen süßen Hintern in engen Jeans. „Die Rechnung bitte." Er zahlte den doppelten Betrag, denn er gab ihr genauso viel Trinkgeld, wie die Rechnung ausmachte. Ich fragte, ob er nicht ganz bei Trost sei. Zehn Prozent seien genug. Da bekam ich aber eine Rüge. Er sagte, man müsse, was immer auch komme, die letzten Original-Inselbewohner fördern. Dass die flotte Biene von anderswoher stammt und hier nur eingeheiratet hat, müsste er doch wissen. Aber ich hielt meinen Mund.

Er hatte wenig Lust auf Kuscheln. Ein Küsschen am Gartentor, Gute Nacht. Nein, er wollte nicht zu mir, er wollte ins Bett seiner Mama. Mir fehlte etwas, und ich brauchte Ersatz, etwas Süßes, Obst! Ich hatte das Obst am Esstisch auf der Terrasse vergessen, ging sofort hin und erschrak, aber nur kurz. Vor der Schüssel am Tisch saß eine Ratte auf den Hinterbeinen und nagte an einem Pfirsich, den sie mit den Vorderpfoten hielt. Der Mond beschien ihr braunes, glänzendes Fell, die süßen Ohren und den Schnurrbart. Sie blickte mich frech aus ihren schwarzen Äuglein an, nagte weiter. Ich sagte: „Na warte!“, und war ihr nicht böse. Soll sie doch bei mir wohnen. Ich habe genug für zwei im Kühlschrank.

Arbeitsmoral

Das Rattern eines Traktors katapultierte mich aus meinen Träumen in die Wirklichkeit zurück. Eisen klirrte, zwei Männerstimmen riefen sich was zu. Das Hoftor wurde aufgestoßen, Stanko war da und brachte eine Ladung schöner Quadersteine mit, für die neue Gartenmauer, die ich bei ihm bestellt hatte. Er wollte die Steine gleich in der Mitte der Wiese abladen und ich war froh, dass ich zu Hause war, um das zu verhindern. Der Haufen wäre sonst sicher bis zum Herbst hier liegen geblieben, vielleicht auch bis zum nächsten Jahr, denn kein Mensch weiß, und schon gar nicht der Maurer selbst, wann er mit dem Mauern beginnen wird. Stanko war guter Dinge. Hinter ihm kam Danko nach, sein Helfer. Ein Mann mit Bärenkraft, der tüchtig arbeiten kann, wenn er will. Stanko, klein, wohlgenährt und schwarzhaarig mit sprühenden, grünen Augen, ein bosnischer Waldschrat, und Danko, groß, sehnig und rotblond, sommersprossig, mit hellbraunen Augen und einem abgebissenen Ohr, ein Nachfahre des Ostgotensturms. Sie kommen meist im Doppelpack. Sie kommen überraschend und gehen spontan, nämlich dann, wenn sie wollen, und so macht man mit ihnen ein Pauschalhonorar aus, das man nach getaner Arbeit zahlt. Dann überlässt man sie ihrem eigenen Arbeitsrhythmus, der jedem ordentlichen Protestanten, der ihnen dabei das erste Mal zusieht, die Haare zu Berge stehen lässt. Sie kommen um sechs, sieben oder um acht oder gar nicht. Danko kommt meist später und hält nicht lange durch. Aber er schleudert Steine durch die Luft, trägt auf seinen Armen Bretterstapel, für die jemand anderer einen Kran braucht, und hat auch einen Sinn für das Feine. Er sagt zum Beispiel: „Diese Ziegel dürfen Sie nicht wegwerfen“, und löst sie sanft vom Dach. „Sie sind prima Qualität und wenn wir alles sammeln, können wir sie wieder verwenden.“ Es waren alte, einst von den Leuten auf der Insel von Hand geschlagene und selbst gebrannte „Kanalize“, Rundziegel in den verschiedensten Erdtönen. Von denen legte er überall im Dorf Lager an. Auch wenn es um Zisternen, um den Zuschnitt von Bäumen, um das Verlegen von alten Steinplatten geht, kennt er sich aus. Und beim Raufen. Er ist, was man einen Kirchtagsraufer nennt, und sie sagen, es sei genetisch bedingt. Schon sein Vater raufte sich durchs Leben und der Großvater war berüchtigt. Die eingeschlagenen Zähne und das abgebissene Ohr hatte er von ihm geerbt.

Ich zählte einmal die Stunden, die Stanko und Danko im Durchschnitt täglich arbeiten, und kam dabei auf ein erstaunliches Ergebnis: Es sind, egal, wann sie am Morgen beginnen und am Abend aufhören, immer fünf. Dazwischen quatschen sie, sitzen im Schatten, telefonieren am Handy, trinken ihre Biere und gehen, zehn vor zwölf nach Hause. So arbeiten sich die beiden durch das ganze Jahr, von Montag bis Samstag, ohne Urlaub. Sonntags arbeiten sie nur im Notfall. Rechnet man die Arbeitszeit aufs Jahr um und auf vierzehn Monatsgehälter, so kommt man leicht auf eine 40-Stunden-Woche. Das stimmte mich positiv für meine arbeitenden Mit-Insulaner, und ich musste Stanley und den anderen Amis widersprechen, die sich fortwährend über die Arbeitsmoral der Zurückgebliebenen beschwerten.

Stanley hielt mir einen Vortrag über die amerikanische Arbeitsethik und es schien mir, als redete nicht er, sondern sein amerikanischer Klon. Er sagte: „Drüben muss alles schnell gehen. Deshalb verwendet ein Handwerker die besten Werkzeuge, die es gibt. Hier auf Mali kommen zwei Mann mit einer Axt, drüben kommt einer mit fünf Maschinen. Und dann geht es rucki, zucki. Auch deshalb, weil jeder, der eine Arbeit beginnt, dafür einen genauen Plan hat. Die Planung, die ist drüben perfekt. Aber hier plant niemand. Obwohl Planung das Um und Auf ist." Er beschwerte sich nicht nur über Leute wie Stanko und Danko, sondern auch über die Handwerker, die vom Festland nach Mali Otok kommen. Oder kommen sollten. Für jeden Arbeitstag muss ein auswärtiger Handwerker nämlich die Fähre nehmen, drei Stunden hin-, drei Stunden zurückfahren, und weil ein Handwerker selten ein Angestellter, sondern meist sein eigener Herr ist, schon aus Steuergründen, kann er auch keine Fahrtenpauschale verrechnen. Zwischen den Ankunfts- und den Abfahrtszeiten der Fähre muss er schnell arbeiten, alles erledigen, womöglich mehrere Kunden befriedigen. Deshalb kommt er lieber gar nicht. Festlandmenschen kommen am Wochenende und in den Ferien zum Nichtstun auf die Inseln. Wenn ein Teil fehlt, wenn das Maß nicht zu hundert Prozent stimmt, war der Tag verschissen, weil es auf der Insel ja nichts zu kaufen gibt. Man kann dann nur improvisieren, man kann nur pfuschen. „Die ganze Insel", sagte Stanley, „ist ein einziger Pfusch." Er wartete schon seit Wochen auf den Spengler aus der Stadt, der die Dachrinnen für mehrere Häuser ausmessen sollte. Dann würde er sie am Festland anfertigen und später, in einer Gemeinschaftsaktion, für alle Kunden die Montage auf Mali erledigen. Aber wozu sollte er sich diese Mühe antun? Auch am Festland wird gebaut, und wie! Die ganze Küste sieht schon wie die Costa del Sol aus. Vergessen von den Bauwütigen sind alleine die Inseln, weil auf ihnen die Bauwut unmöglich ist. Bei uns zu bauen, lohnt sich nicht. Deshalb verwenden wir hier statt eines computerisierten Werkzeugkoffers noch Hammer und Sichel.

„In Amerika ist der Kunde König!“, sprach Stanleys Klon, „und ein Handwerker bemüht sich, auch weil er verdienen will. Time is money. Je schneller du bist, desto mehr Jobs bekommst du, desto mehr Geld hast du in der Tasche.“ Ich sagte: „Aber wir sind nicht in Amerika.“ Ich staunte. Er, der seit Wochen herumschlurfte und nichts lieber tat als gar nichts, behauptete tatsächlich, dass Zeit Geld ist. Und dann war da noch etwas, das ihn plagte und mir gar nicht gefiel. Er zahlte den Leuten Preise, die er noch aus den sechziger Jahren im Kopf hatte. Armer Stanley! Er stolperte auf dem Weg zurück über seine eigenen Wurzeln. Er sagte: „Ich glaube, wenn ich hierher ziehe, in der Pension, dann halte ich es hier nicht aus, weil hier nichts funktioniert und weil sie hier so faul sind.“ Tja, dann sollte er wohl drüben bleiben und fleißig weiter schaffen, damit er sich die Pension drüben leisten kann, bei der Immobilienkrise im California Sunshine Staat. Wie bei fast allen Amerikanern lief auch bei ihm ein bis zum Absterbensamen zurückzuzahlender Wohnbaukredit. Er könnte ja auch drüben im Pazifik fischen. „Ach“, sagte er, „der Pazifik ist grau und kalt. Aber hier ist das Meer meiner Kindheit, hier sind die Inseln, die Buchten, das blaue Wasser, durchsichtig wie Glas.“

Unter den Steinen, die sie abluden, war hie und da auch ein uraltes Bruchstück eines Grabsteins, mit eingemeißelten Schriften. „Ihr habt die Steine von Friedhof?“ Sie sagten: „Nur ein paar von dahinter.“ – „Und woher sind die anderen?“ Sie nannten einen Ort und behaupteten, dort gäbe es ein altes Haus mit einem Stall, und man könne beides kaufen. Dort wäre auch ein großer Steinhaufen, der niemandem gehört, davon nehme sich jeder. Sie luden Feldsteine ab, auch ein paar zerbrochene Marmorbögen. Das würde eine attraktive Mauer ergeben, mit Farnen und Mauerkatzen dazwischen. Ich freute mich schon drauf. Und als ich mich beim Laufen ein Stück weiter als bis zur ersten Bucht wagte und in der zweiten landete und das Krokodil sah, wusste ich, dass Stanko und Danko die Einzigen sind, die mich verstehen. Das Meer hatte einen von Salz und Sonne ausgeblichenen Baumstamm angeschwemmt, mit einem Kopf und vier Füßen, einem Kamm am Rücken und einem riesigen Maul. Mit dem rostigen Bagger, der im Hof ihres Hauses stand, haben sie das Krokodil geholt, sind dabei im Sand fast versunken, schwitzten vor Eifer und kühlten sich ab vor Geduld.

Heute steht das Vieh vor meinem Haus. „Land-Art vom Feinsten", sprach einer, der aus dem Kunstgeschäft kommt und reichen Leuten den ultimativen Trash verkauft. Er sagte: „Endlich mal wieder was Authentisches, ein Stück mit Seele."

Es regnet in Linz

Bei der Fußball-EM saßen die Bosnier und die Amerikaner einträchtig im Gasthaus vor dem Fernsehapparat. Was mich wunderte, hat doch Fußball in Amerika angeblich keinen Stellenwert. „Stimmt", sagte Stanley, „aber wenn man lange genug zuschaut, kann man auch dem Fußball etwas abgewinnen."

Er stand im Mutterhäuschen und war spürbar frustriert. Er stand vor seinem Koffer, den er nun endlich geholt hatte, er klappte ihn auf und wieder zu. Konnte ihn ja auch später auspacken. Er brauchte Luft und ging raus in den kleinen Garten hinter dem Häuschen, um eine zu rauchen. Der Rasen war gemäht und die Weinstöcke schauten gesund aus. An einigen Blättern hatte sich der Mehltau gebildet, auch an den Rosen, die am Rande der Weinstock-Reihen stehen. Ich hatte es einmal wo gelesen: Die Rosen zeigen früher als der Wein Pilzbefall an, zum Beispiel Mehltau. Dadurch wird man rechtzeitig gewarnt und kann den Wein vorbeugend mit biologischen Mitteln spritzen. Ist der Mehltau aber mal an den Weinblättern dran, dann helfen nur stärkere Mittel und das Entfernen der befallenen Stellen. Ich begann die befallenen Blätter abzuzupfen und holte einen Plastiksack aus der Küche. Dort pflückte ich sie hinein. Ich sagte: „Die tragen wir dann vors Dorf hinaus. Dort kann der Mehltau keinen Schaden anrichten. Oder wir verbrennen sie. Dann kommst du vielleicht ohne Gift aus." Aber Stanley meinte, das Ganze würde schon wieder von selbst vergehen, und sagte: „Komm, hören wir auf!" Er war nicht in Stimmung. Ja, er war richtig grantig, weil Tante Sofia offenbar in der Zwischenzeit, als er in der Stadt war, den Rasen mähen ließ. Ohne ihn zu fragen und ohne dafür Geld zu nehmen. Ich sagte: „Sie wollte doch nur was Nettes für dich tun." Ja, das ist es eben, und gerade das will er nicht. Er will keine Tanten, Verwandten und keine Freundin, die ihm hilft. Er will sich zu keiner Gegenleistung verpflichten, was davon die Folge ist. Er will Arbeiter, die tun, was er anschafft, und die er schlecht bezahlt. Und könnte er nicht selbst Rasenmähen? Er hätte dafür genügend Zeit. Könnte er diese Kleinigkeiten nicht selbst machen, bevor es ihm ein anderer abnimmt, weil es ihn stört? Zum Beispiel Weinlaub sammeln, Rasen mähen, die Türangeln schmieren, das Moskitogitter reparieren? Statt an seinem Boot herumzuklopfen, zu rauchen und im Café zu sitzen? Das wollte ich ihn fragen, aber diese Frage habe ich mir nur gedacht. Keine Belehrungen! No Bossing! Darum hatte er mich ernsthaft gebeten. Bossing hält er nämlich nicht aus und bossige Frauen schon gar nicht.

Am Nachmittag schob ich mein Rad auf dem holprigen Weg zur schönsten der auf dem Landweg erreichbaren Buchten. Drei Damen aus Wien, die eine Urlaubswoche auf Mali verbrachten, wanderten hinterdrein. Wir waren die Einzigen, die den Nachmittag über auf diesem herrlichen Fleckchen zwischen Wasser und Steinen, am schmalen Sandsaum, lagen. Wir schmierten uns den Fünfziger-Faktor in die

Gesichter und den Dreißiger-Faktor auf den Bauch und konnten in der Sonne liegen, wie der liebe Gott uns geschaffen hatte. Abends saßen wir alle vor dem Fernseher in der Kneipe und schauten Fußballweltmeisterschaft. Stanley versprach, uns am Montag mit seinem Boot ein wenig herumzufahren, dorthin, wo die Möwen brüten und etwas später nach Draga, an unseren „Karibik-Strand".

Um Mitternacht trafen wir uns zum Schwimmen. Nein, nicht ich und Stanley, sondern ich und die drei Damen aus Wien. Das Wasser war schwarz und weich und bei jeder Bewegung zeichnete das Plankton eine schimmernde Aura um unsere Körper. Unweit von uns lärmte die Musik aus der Bar, Leute redeten laut, Gläser klirrten. Danach schlief ich wie ein Murmeltier. Am frühen Morgen trafen wir uns zum Laufen. Im glasklaren Morgenmeer machten wir uns mit Wassergymnastik fit.

Die Damen waren entzückt von Stanley. Sie sagten: „Der hat was." Er tuckerte mit uns die Küste entlang. Er trug fesche Bade-Shorts, in ausgewaschenem Pflaumenblau, und erklärte uns die Namen der Felseninseln, die Namen der Kaps und der Untiefen. Die Damen waren von Stanleys Wissen beeindruckt. Das Meer zeigte sich in allen Farben, mal war es tintenblau, dann milchig blau oder smaragdgrün. In der Nähe der Bucht fuhr er langsam. So konnten wir auf den Grund sehen, auf dem sich die Algen mit der Strömung bewegten.

Die Damen suchten sich ein Plätzchen im weichen Sand und breiteten ihre Badetücher aus. Sie cremten sich ein. Stanley lehnte sich an sein Boot, nahm seinen Hut ab und zog sich das T-Shirt aus. Er bat mich, ihm ein wenig Sonnencreme auf den gebräunten Body zu schmieren. Eine der Damen sagte, mit bewunderndem Blick: „Wenig geht nicht." Er plusterte seine Brusthaare auf wie ein Hahn in der Schar der Hühner, und unter meinen Händen spürte ich, wie seine Muskeln gleich um ein paar Zentimeter an Umfang zulegten.

Wir blieben beim Boot, während die Damen weit ins Meer hinausschwammen. Zwei Jachten segelten vorbei, junge Möwen lernten das Fliegen, die Sonne brannte und so schwammen auch wir ein gemeinsames Stückchen.

Ein Handy summte und eine der Frauen nahm den Anruf an. Neuigkeiten? Sie sagte: „Es regnet in Linz." Wir grinsten zufrieden. Diese Insel ist für uns gemacht, für unkomplizierte, für naturverbundene, sportliche Frauen, die laufen, wandern und schwimmen, gerne gut essen und ein Glas Wein trinken und öfter als einmal im Jahr Urlaub machen und sich hie und da Auszeit nehmen, weil man nur einmal lebt.

„Wann bringst du ihn mit nach Wien?", wollte eine wissen, als Stanley weg war. Er hatte uns verlassen, um am Ufer nach einem Oktopus zu suchen. Zum Aufspießen verwendete er einen rostigen Dreizack auf einem langen Stiel. Wir beobachteten ihn, wie er an bestimmten Stellen zu einer Salzsäule erstarrte und plötzlich zustach. Dann brachte er sie mit, die vier Oktopussies. Die Tiere waren klein und noch jung und würden deshalb nicht zäh sein. Er schenkte sie uns. Abends kochten wir die Viecher und machten aus ihnen, mit Paprika, Zwiebeln, Kartoffeln und Tomaten, einen Salat. Wir hatten Stanley eingeladen, aber er sagte ab. Er ließ uns wissen, dass er fischen ging.

„Der ist fesch", sagte die eine. „Der ist witzig", die zweite. Und die dritte sagte: „Den tät ich nehmen." Sie hielten ihn für den charmanten Sunnyboy, den er in ihrer Gegenwart spielte. Und worüber wir noch sprachen? Nun, darüber, worüber Frauen auf Inseln reden: über die Kinder, die Enkel, die künftigen Schwiegertöchter, die Männer, die Liebesbeziehungen. Und über das Altern. Aber das Altern steckten wir weg, so gut wie wir drauf waren. Dabei unterschieden wir uns von den Inselbewohnern, die den Eindruck machen, dass ihnen das Altwerden sogar angenehm ist. Ich traf hier noch keinen, der aktiv gegen das Altern ankämpft. „What can you do?", sagt Maria gern. „Nothing!"

Oktopus

Das Urviech, den Oktopus, esse ich nur als Salat gern. Das ist jedoch nicht urtümlich. Nach Inselart wird er in Wasser, dem man Tomatenmark beigibt, langsam gedünstet. Man gibt nichts dazu. Nichts! Er behält bei dieser Garung seinen natürlichen Geschmack, der nicht jedermanns Sache ist. Viele jedoch fahren geradezu darauf ab. Dazu ist man zerstampfte Erdäpfel, mit viel Olivenöl und Knoblauch vermischt. Die stark gewürzten Zerstampften und der Oktopus vertragen sich sehr gut.

Der Salat wird aus einem in Wasser weich gedünsteten Oktopus gemacht, den man in kleine Stückchen schneidet. Darunter kommen klein geschnittene Zwiebel, viel Petersilie, klein geschnittene Tomaten, Paprika, gekochte Karotte, ein Apfel. Das Ganze wird mit einer Marinade aus Olivenöl, Zitrone oder Essig, Salz und Pfeffer abgemacht. Kurz vor dem Anrichten gebe ich warme, in Scheiben geschnittene Kartoffeln dazu.

Oktopusse sind meist zäh, nicht aber, wenn man sie tiefkühlt. Deshalb sollte man auch frisch gefangene Tiere für 24 Stunden einfrieren. Die urtümliche Inselmethode, das Tier auf einem Stein weich zu schlagen, erübrigt sich.

Monte Carlo

Er wartete schon vor dem Mutterhäuschen und hatte Tee gekocht. Wir schulterten unsere Rucksäcke mit den Handtüchern und der Wasserflasche und wanderten los. Es war diesig und der Himmel war bewölkt; nur leicht rosa gefärbt, als wir im Osten der Insel ankamen. Einige Segeljachten lagen weit draußen in der Bucht. Über dem steingrauen Meer lag der Morgendunst, die Konturen der Landschaft waren weich und grau. Langsam, wie im Zeitlupentempo, gab die Ebbe, den Sand frei, die weißen Steinplatten am felsigen Ufer, den Saum der nassen, schwarz glänzenden Felsen. Aus den Sandbänken, die sonst unter dem Meeresspiegel versteckt sind, wurden kleine Inselchen. Wir wateten durch das knöcheltiefe Wasser den Strand entlang. Einmal trat ich auf einen Tintenfisch, er schickte schwarze Wolken bis zur Oberfläche. Wir fanden ein paar Muscheln und gingen Hand in Hand, wie verliebte Kinder, zwei Leutchen mit weißen Haaren, der Morgensonne entgegen, die hinter den Wolken zum Vorschein kam.

Zwei Stunden später wanderten wir zurück ins Dorf, zu Stanleys Haus am Hügel. Die Dachziegel lagen schon zum Decken bereit am Gartenboden. Und das Haus war so hübsch. Wie konnte er nur in der schäbigen Bude wohnen, wenn dreihundert Meter weiter eine Villa war! Wenn man die Arbeit besser organisieren würde, könnte der Umbau rasch erledigt sein. Ich hatte mein Haus in drei Monaten umbauen lassen. Er sagte: „Das kann man sehen. Der Putz blättert schon ab." Ich dachte nur: „Nicht schon wieder den x-ten Vortrag über die Vorteile von nicht verwitterbarem Kunststoff."

Ein paar Häuser weiter hatte die Umwandlung von Holz in Kunststoff schon erfolgreich stattgefunden, und nicht nur das. Auch die Form des alten Steinhauses war aufgemotzt worden, mit Terrassen und Balkonen zu einem kleinen Palazzo. Darin logierte Stanleys Cousin Daro. Er war vor ein paar Tagen aus New York angekommen. Stanley pfiff und Daro öffnete die Tür. Daro lud uns zum Kaffee ein. Es war noch in aller Herrgottsfrühe, doch seine Schwester war schon fleißig am Blitve putzen. Die Schwester war unverheiratet und ein wenig seltsam. Sie führt ihrem Bruder, wenn er auf Urlaub ist, den Haushalt. Der Kaffee, den die Schwester kochte, schmeckte wie ein ausgezeichneter italienischer Espresso. Das Geheimnis? „Regenwasser", sagte Daro und deutete auf die Zisterne. „In diesem Wasser sind keine Mineralien drin. Es ist völlig geschmacklos. So kann der Kaffeegeschmack voll zur Geltung kommen." Zum Kaffee gab es Neapolitaner-Schnitten mit Schokoguss und einen Cognac. Den lehnte ich so früh am Morgen ab. Daro sah gut aus, in seinen weißen Hosen, seinem orangenfarbenen Polohemd, mit seinem gewellten, an den Schläfen grau melierten, schwarzen Haar, den gepflegten Händen und der verlebten Visage. Er trug noch die Großstadtblässe, aber das würde sich schon geben. Er war Barkeeper in einem Lokal an der Wallstreet gewesen. Jetzt ist er in Pension. Er reist gerne, auf die Bahamas zum Beispiel, oder auf die Seychellen. Seine Frau arbeitet noch. Das ist ja das Dilemma, wenn man so junge Frauen hat, solche, die Amerika lieben und gerne berufstätig sind. Da muss man eben alleine in Urlaub fahren oder mit einem Freund. Er sagte: „Ich und Stanley werden nach Monte Carlo fahren." Das Geld dafür habe er schon beiseitegelegt. Und er habe sich gedacht, ich könnte die Reise organisieren. Denn ich kenne mich in Europa besser aus. Einen Aufenthalt im August, von Donnerstag bis Sonntag, inklusive Flug und Hotel. Aber erst im nächsten Jahr. Heuer geht es nicht, denn heuer ist die Ehefrau auf der Insel angesagt. Sie würde bald kommen und drei Wochen bleiben, Wochen, in denen er brav sein muss.

„Monte Carlo!" Fünftausend Dollar hatte er pro Person budgetiert. Fünftausend Dollar für ein Wochenende zum Amüsieren! Das ist viel zu wenig, damit kommt er nicht weit. Und was will er dort machen? „I want to see the place", sagte er. „Die Bars, die Hotels, die Shows, die Casinos, die ganze Stadt." Das glaubte ich nicht. Ich sagte: „Du willst doch spielen und Geld gewinnen, damit du länger bleiben kannst." Stanley war das Ganze peinlich. Wir hatten darüber erst einmal geredet. Erzählte mir, dass er nach Las Vegas fährt und nach Lake Tacho und in all die anderen Indianerreservate, wo die Casinos stehen. Er sagte, dass die meisten Leute in ihrer Freizeit zocken. „Zocken gehört zum amerikanischen Leben. Wohnst du in New York, fährst du nach Atlantic City. Dort schenken sie dir ein Wochenende mit Übernachtung gratis, wenn du dich verpflichtest, um eine bestimmte Summe zu spielen. Das halbe ausgewanderte Mali Otok triffst du am Wochenende in Atlantic City. Was soll man denn sonst auch schon tun?" Daro konnte meine Gedanken lesen. Er sagte: „Stanley fährt mit. He loves to gamble. And he can afford." Doch Stanley lehnte ab. Nein, fünftausend Dollar habe er dafür nicht, und er sagte: „Nein, ich fahre nicht mit." – „Ich weiß, dass du sie hast", sagte Daro und gab ihm einen verwandtschaftlichen Klaps.

Glücksspiel! Mir dämmerte was. Im Hinterzimmer der Hafenkneipe findet die Zockerei statt, jedes Jahr. Dort sitzen sie und spielen Karten, tagein, tagaus. Es gibt Männer, die nur deshalb den Sommer auf Mali verbringen. Hier, von Las Vegas an die Adria. Wollte ich das große Geld machen, ich eröffnete auf dieser Insel ein Casino. Dazu müsste ich mich aber mehr mit dem Spieltrieb beschäftigen. Ich spiele selten Karten und sicher nicht ernsthaft um Geld. Kaum hörte ich was von „Gambling", malte ich mir die Folgen schon aus: den totalen Bankrott. Ich grübelte mich in Rage. „Man kann doch seine Freizeit sinnvoller verbringen, als um Geld zu spielen!", rief ich, „zum Beispiel mit Lesen." – „Lesen?" Daro schüttelte den Kopf. Ich stand auf und ließ die beiden allein.

Ob Vinko auch spielte? „Hat er mal", sagte Maria. „Aber dann hat er es wegen mir und den Kindern aufgegeben. Ich sagte, wenn du weiter spielst, lass ich dich sitzen." Er saß schon die ganze Woche unter der Laube und flickte die Netze. Sie schaute ihm dabei zu, sagte: „Lot of work." Vinko antwortete: „Oh nein. Das ist keine Arbeit, nur Zeitvertreib. You know. Nothing to do."

In meinem Haus war es noch kühl. Ich schaltete den Computer ein. Nur mal die E-Mails checken. Seit drei Wochen hatte ich einen Internet-Anschluss, den einzigen im Dorf. Bin ich zum Nichtstun überhaupt imstande? Habe ich das schlechte, puritanische Gewissen, wenn ich mal zwei Stunden nur so dasitze? Ja!

Etwas später, ein paar Sekunden nach dem Mittagsläuten, huschte eine kleine Gestalt an meinem Fenster vorbei. Durch die zugemachten

Läden konnte ich nicht genau sehen, wer es war. Die Gestalt trat durch die Eingangstür. Es war Maria und in ihrer Hand trug sie etwas in Alufolie Eingepacktes. Es duftete nach Holzkohlengrill. „Das iss jetzt! Sofort!" Ich wollte noch kurz ins Arbeitszimmer, um die Computerdaten zu speichern, aber sie versperrte mir die Tür und wies in Richtung Küche. „Das sind gegrillte Kalamari. Sie sind noch warm und du musst sie sofort essen." Sie vergewisserte sich, dass ich mit dem warmen Paket tatsächlich in die Küche ging, und huschte wieder fort. Die Hausfrauen hier sind Generäle, ich gehorchte aufs Wort. Schnell machte ich mir dazu einen grünen Salat, schnitt eine Zitrone in zwei Hälften und setzte mich, wie befohlen, brav an den Tisch, obwohl mich keiner mehr beobachtete. Maria hatte so was Militärisches an sich. Ich aß Kalamari, zum dritten Mal in dieser Woche. Wenn es sonst fast keine Fische mehr in unserem Meer gibt, von Tintenfischen war Mali Otok umzingelt. Sie schmeckten gut, außen ein bisschen nach Rauch und Holzkohlengrill, innen ein bisschen süß. Frisch waren die Tierchen aber nicht, sondern aus der Tiefkühltruhe. Sie fuhren zwar alle schon in ihren Booten zum Fischen hinaus, aber sie fingen nichts. Sie sagten, es sei noch zu früh jetzt im Sommer, und aßen die gefrorenen Tiere vom Vorjahr auf. Die Touristen bekommen ja auch nur gefrorenen Fisch auf den Teller oder den, den man züchtet. Sogar die Insulaner fahren zum Fischeinkauf im Sommer in die Stadt, damit sie die Mäuler ihrer Gäste und Familienmitglieder stopfen können.

Ich fahre nicht gerne auf den Fischmarkt. Den Geruch halte ich schwer aus. Aber ich fahre auf den Gemüsemarkt in die Stadt, einmal alle zwei Wochen, wenn ich allein bin, und einmal pro Woche, wenn ich Besuch habe. Noch hatte ich keinen, aber er kündigte sich an. Es wurde Zeit für eine Überfahrt.

In der Dämmerung ging es ab, früh am Morgen kamen wir an. Ich frühstückte wie immer in der Konditorei, die um diese Zeit schon offen hat, ging auf den Markt, brachte die Sachen aufs Schiff. Dann schlenderte ich durch die Stadt, zuerst über die Riva. Dort saßen die Männer im Schatten der Pinien und spielten Schach. Zwei spielten, die anderen schauten zu und kommentierten. In dieser Stadt treffen zwei Welten aufeinander. Die der bedürfnislosen Alten und die der gierigen Kolonialisten, die ihre Konsumtempel an den Stadtrand setzen, ihre Einkaufszentren, die auch am Sonntag offen sind. Und noch bin ich mir nicht sicher, ob nicht die Alten am längeren Ast sitzen.

Im Zentrum der Stadt herrschte Hektik. Tausende Touristen schwärmten durch die Gassen. In einem kleinen Laden kaufte ich mir aus Langeweile ein paar schicke Schuhe. Ich kaufte mir ein Sandwich und ein Cola und schlenderte in den Stadtpark. Die Laternen, die Parkbänke und die Anlage stammen noch aus der Monarchie, die Gärtner aus der Zeit von Kaiser Tito. Im Schatten der großen Bäume kann man auch den heißesten Sommer in angenehmer Kühle überstehen. Ich setzte mich auf eine Bank. Zwei Parkwächter kehrten sich, jeder in der einen Hand einen Reisbesen und in der anderen eine Schaufel, den Müll gegenseitig zu, bis sich ein ansehnliches Häufchen bildete. Das ließen sie stehen, setzten sich auf eine Parkbank, um eine Zigarette zu rauchen, zu tratschen und zu beobachten, wie der Wind in den Haufen fuhr und ihn auseinander blies.

Ich machte die Schuhschachtel auf, um die neuen Schuhe anzuprobieren, griff zur gerade gekauften deutschen Tageszeitung von gestern und stellte den Wecker am Handy an. Das Schiff fährt nur einmal am Tag nach Mali Otok, und wer zu spät kommt, ist blöd dran. Dann legte ich mich hin und machte ein Nickerchen.

In der Zisterne

Wer sorglos leben will, soll sich von Lasten befreien. Aber von welchen? Und auf welche Weise? Es gibt auch süße Lasten. Sich von einer süßen Last zu befreien, wäre doch Unsinn! Mit dem Blick eines Philosophen gesehen, sind die Menschen auf Mali Otok reich und glücklich. Sie arbeiten selten oder fast nichts, und sie brauchen wenig. Deshalb kommen sie mit dem Geld, das sie haben, auch aus. Es ist nicht so wie am Festland, wo ein jeder einen oder mehrere Kredite am Laufen hat, wo jeden Tag ein neues Geschäft eröffnet und einen neuen Bedarf weckt. Die Weltwirtschaft wäre schon längst zusammengebrochen, ja, nie entstanden, wenn alle wie die Insulaner lebten. Wie aber würde es um die Zivilisation stehen? Ein Inselmensch ist rau und ungehobelt. Die Dinge sind authentisch, das Leben ist auf seine Essenz reduziert. Und es wäre noch reduzierter, gäbe es die Liebe nicht. Sich schmücken, ein wenig protzen, danach trachten, dass man der Platzhirsch wird und seine Auserwählte. Inselmenschen sind bescheiden, doch keine Asketen.

„Weniger ist mehr", aus gut gemeinten Richtlinien nimmt ein jeder sich heraus, was für ihn stimmt. Ich spare mit Möbeln – zugunsten des Raums, mit Chemie – zugunsten der Natur. Bei den Weingläsern spare ich nicht, da brauche ich die für den Weißen, die für den Roten, die für das Wasser und den Champagner. Und, schaue ich mich am Strand um, dann scheint es, dass auch hier weniger nicht mehr Qualität ist. Da wäre es in vielen Fällen besser, die Leute würden sich bedecken. Ich war ja auch schon in einem Alter, in dem etwas mehr Stoff besser ist als zu wenig. Deshalb hatte ich mir diesen knallrosa Badeanzug gekauft, der Schnitt wie die Farbe perfekt für mich. In der Probierkabine im klimatisierten Warenhaus hatte er sich auch gut angefühlt, doch jetzt, in der freien Natur, kam ich in ihm ins Schwitzen wie in einem Wollpullover. Er war gefüttert, ein amerikanisches Produkt. „Drüben“, erklärte Diana, „füttern sie auch die T-Shirts, damit sich der Busen ja nicht abdrückt, weil das unanständig ist. Schneid doch das Futter heraus.“

Am Strand lagen die Touristen auf Strohmatten und auf Handtüchern auf der frisch betonierten Fläche, eine Frau im Rollstuhl döste unter den Kiefern im Schatten. Ich zog mein Sportprogramm durch, schwamm eine halbe Stunde im Bruststil das Ufer entlang und dieselbe Strecke am Rücken zurück, und als ich mich auf den letzten Metern wieder auf den Bauch drehte, sah ich Stanley das Wasser entlang daherkommen, schlaksig, im blauen verwaschenen T-Shirt, in den grauweißen kurzen Hosen, den Gummischlapfen, am Kopf den Strohhut vom Marlboro-Mann, die Sonnenbrillen mit dem Spiegelglas. Über die Schulter hatte er ein knallbunt gestreiftes Badetuch geworfen, ein Dollar fünfzig von Walmart. Ich stieg aus dem Wasser und ging auf die Duschen zu, er kam mir nach. Stanley half mir beim Aufdrehen der rostigen Hähne, die immer klemmen. Hätte ich gewusst, dass er kommt, ich hätte einen schicken Bikini angezogen. Aber jetzt trug ich diesen blöden knallrosa Badeanzug, aus dem ich mit der Nagelschere das wärmende Futter herausgeschnitten hatte. Das war wohl zu viel des Guten gewesen, denn durch die nun hauchdünne, knallrosa Haut drückte sich mehr ab, als es die puritanische Moral erlaubt. Stanley lehnte am Lorbeerbaum im Schatten und schaute mir beim Duschen zu. Er grinste: „Nicht schlecht, der Badeanzug.“ Dann nahm er mein Handtuch und trocknete mich ab, legte mir sein eigenes buntes Badetuch um und spazierte mit mir das Ufer entlang, vorbei an den Touristen, die in der Sonne lagen, bis in die kleine Bucht, die schon im letzten Sommer die unsere war.

Auf den feuchten Seegrasmatratzen hüpften die Strandflöhe. Wir breiteten das Badetuch über den trockenen Tang, weil sich dabei die Flöhe verziehen. Wir schauten am fahlblauen Himmel den weißen Kondensstreifen nach. Wir hörten die Möwen schreien, den Motor eines Fischerboots tuckern. Wir beobachteten die Krabben, wie sie seitwärts liefen. Dann brachen wir wieder auf. Stanley musste unbedingt zu seinem Haus. Er teilte mir mit, er habe sich entschieden, für immer auf die Insel zu ziehen. Amerika war out. Und weil man im Jetzt leben soll, nicht gestern oder morgen, wollte er jetzt hinauf. „Kommst du mit?"

Sein Haus war dem meinen sehr ähnlich. Es war aus Stein und aus Holz und sah sehr romantisch aus. Ein typisches dalmatinisches Haus, mit einem Innenhof und einer Zisterne, eine Steintreppe führte an der Außenmauer in den ersten Stock. Im Innenhof standen ein Zitronen- und ein Orangenbäumchen, im Vorgarten waren Rosen. Innen war ein langer Mittelgang, beidseitig davon die Zimmer, die Dielenböden mit Holznägeln fixiert, eine Holztreppe führte auch innen hinauf. Im unteren Teil die Küche mit dem Waschstein im Fenster, so konnte man das Wasser aus der Zisterne direkt in den Waschstein schütten. Die Couch stand noch da, auf der er geboren wurde, auf ihr lag eine Schicht Kalk, der von der Mauer rieselte. Er war der letzte einer Reihe von Kindern. Nicht alle überlebten das Kindesalter, weil auf dieser Insel nie ein Arzt zur rechten Zeit da war. Der Putz von den Wänden war teilweise abgeklopft und der Schutt lag noch am Boden. Die Arbeiter hatten ihn nicht zusammengekehrt. Für diese Schlamperei verwendete er ein Schimpfwort im Inseldialekt. Die schweren, dunklen Möbel waren mit alten Decken und Leintüchern zugedeckt und in einem Raum im Parterre lagen die Werkzeuge des Vaters: Angeln, Messer, ein Dreizack. Keine Netze. „Netze?" Stanley schien entrüstet. „Mein Vater brauchte doch keine. Er fischte immer ohne Netz. Wenn heute alle so fischen würden wie er, könnte ein jeder fischen und es gäbe immer noch genügend Fische in der Adria. Im nächsten Jahr, wenn ich mein eigenes Boot haben werde, will ich auch ohne Netze fischen."

Hinter dem Haus waren der Stall für den Esel und die Äcker gewesen, nun waren sie verwildert und mannshohe Malven blühten darauf. Es gab auch ein paar Weichselbäume, sie waren übervoll von kleinen, dunkelroten Früchten. „Davon kannst du dir jederzeit nehmen“, sagte er, jetzt wo es zu spät war. Ich hatte einen Kübel voll in der Stadt gekauft. Dann zeigte er mir die Zisterne mit dem Aufsatz in der Mitte. Er war aus einem einzigen Stück Marmor geschnitten. Woher der Marmor stammt? Von der anderen Seite der Insel. Sie hatte früher alles, was sie zum Leben hier brauchten, und werden wieder alles haben, wenn es im Rest der Welt kracht. Er sagte: „Komm, steigen wir rein. Sie ist leer.“ Er öffnete den Deckel und schob eine Leiter in die Tiefe. Zuerst stieg er hinunter. Ich kam nach. Der unterirdische Raum war groß, vier mal vier mal vier Meter. Es war dunkel drinnen und kühl und von oben fiel durch die Öffnung Licht auf den Grund. Die Wände würde er mit einer speziellen Zementmischung ausbessern, damit sie dicht sind. Stanley hatte die Zisterne zuvor schon mit Dampfdruck gereinigt. Das Regenwasser war Jahrzehnte in die Zisterne gelaufen, von dem alten Wellblechdach, in dem auch Asbest drin ist. „Und Asbest“, sagte er, „ist giftig.“ Dabei zündete er sich ein unterirdisches Zigarettchen an, der Rauch zog durch den Schacht hinauf ins Freie. Ein kleiner Frosch saß am Boden. „Dich“, sagte Stanley zum Frosch, „lassen wir drin.“

Endlich waren die Plastikfenster angekommen, auf die er gewartet hatte, zum Drehen und Kippen. Sie passten in sein altes Steinhaus mit den alten Fensterstöcken aus Sandstein wie die Faust aufs Auge. Und auch die Plastikdachrinnen hatten sie aus der Stadt geschickt. Er würde sie selbst montieren. Plastikfenster schäumt man ganz einfach ein, und für Plastikrohre braucht man auf keinen Spengler zu warten, der auch nach dreimaligen Zusagen nie auf die Insel kommt. Dass diese Accessoires geschmacklos sind, weiß er ganz genau, hat er doch in Kalifornien die tollsten Häuser renoviert. All die Geschmacklosigkeiten auf Mali Otok entstünden ja nicht aus Geschmacksverirrung, sagte er, sie wären ein Gebot der Vernunft. „Wirst schon sehen“, sagte

Stanley. „Du mit deinem Holz und dem Eisen. Holz verzieht sich und Eisen rostet."

Lauter Ausreden sind das. Sie behaupten, dass Plastik unverwüstlich ist und sie es deshalb verwenden. Doch sie nehmen es, weil es billig ist. Sie sagen auch, dass Bauen mit Plastik schneller geht. Als ob Schnelligkeit auf Mali Otok je ein Kriterium gewesen ist.

Wieder bei mir überprüfte ich sofort den Zustand meines Hauses. Die Läden aus Holz sind immer noch dicht, die Türen klemmen nicht und Rost gibt es auch keinen. Ich beobachtete meine Schwalben. Die Kleinen bereiteten sich auf ihre Flugstunden vor. Die Eltern schrien aufgeregt, bereit, jeweils ein Junges bei den Versuchen zu begleiten.

Ich wusch die Marillen, halbierte sie und kochte von zehn Kilo fünfzehn Gläser Marmelade ein. Die Weichseln gärten schon ein wenig, ich hatte sie in einem Kübel stehen lassen. Macht nichts! Leichte Gärung ist gerade richtig. Sie verstärkt den typischen Weichselgeschmack der heimischen Sorte, der „Maraske". Sie durften noch bis zum Morgen rasten. Es war Mitternacht, als ich die Gläser mit der Marillenmarmelade nebeneinander auf die Kredenz stellte. Schön ist es, etwas zu produzieren, etwas, das schmeckt und Freude macht. Für Stanley stellte ich fünf kleine Gläser zur Seite.

Den nächsten Vormittag widmete ich den Weichseln. Ich setzte mich ins Freie auf eine Bank und entkernte die kleinen Früchte, Stück für Stück. Dazu brauchte ich viele Stunden. Maraske sind kleiner und süßer als gewöhnliche Weichseln, und gibt man auf ein Kilo Früchte eine Handvoll zerstoßener Kerne, dann schmecken sie wunderbar, leicht nach Bittermandeln, wie die italienischen „Amarene". Am Morgen hatte ich mit dem Zubereiten begonnen, um Mitternacht konnte ich fünfzehn Gläser füllen. Von einem halben Kilo entkernter Früchte und einer Handvoll zerstoßener Kerne würde Likör werden. Ich gab Früchte und Kerne in eine Flasche und übergoss sie mit Rakija. Dann stellte ich die Flasche an einen Sonnenplatz. Vier Wochen später würde ich Zuckersirup dazugeben. Mit dem Amarena-Likör würden wir Vanilleeis und Pudding übergießen, dann, wenn meine Familie vollzählig ist. Ich bereitete mich schon auf die Ankunft der Kinder und der Freunde vor, auf die Eröffnung der Familienpension „Mama“. In diesen Tagen sahen wir uns öfter, Stanley und ich. Ich schrieb es dem Umstand zu, dass er in dieser Zeit nicht herumhing. Wir hatten Arbeit, hatten Ziele, Perspektiven, ein jeder für sich. Die alten Römer nannten das „Otium“, die „tätige Muße“, den erstrebenswertesten Zustand, den es gibt. Abends tauschten wir unsere bescheidenen Erlebnisse aus. Die schöne Zeit dauerte drei Tage. In diesen drei Tagen wehte die Bora so heftig, dass niemand zum Fischen hinausfuhr. Ich liebe die Bora, sie erfrischt, sie macht müde Glieder munter und bringt Veränderung in den verschlafenen Insel-Alltag.

Maraskino-Weichseln

Maraske aus Dalmatien sind kleiner und süßer als gewöhnliche Weichseln, und gibt man auf ein Kilo Früchte eine Handvoll zerstoßener Kerne, dann schmeckt die Marmelade wunderbar, leicht nach Bittermandeln, wie die italienischen „Amarene“. Die Zuckermenge, die man auf ein Kilo entsteinter Früchte gibt, variiert nach Art des Einkoch-Zuckers.

Likör entsteht, wenn man die entkernten Früchte und eine Handvoll zerstoßener Kerne in eine durchsichtige Flasche gibt, mit hochprozentigem Rakija übergießt und vier Wochen in der Sonne stehen lässt. Danach gibt man Zuckersirup dazu.

Ugor, der Meeraal

Adriano wollte ihn dringend sprechen. „Er ist nicht da“, sagte ich. Der Dorfklatsch behauptete, Stanley sei schon bei mir eingezogen. Adriano hatte für ihn einen „big fish“. Ich fragte mich, was er damit wohl meinte, mit dem großen Fisch, und radelte ins Dorf. Stanley saß beim Socialising im Fast-Food-Restaurant, gemeinsam mit den zwei Hrahovac & Pelinkovac, und zwei Kumpeln vom Vorjahr. Hrahovac & Pelinkovac sind süße Magenbitter, die trinkt man hier schon am Vormittag. Die alten Knaben luden mich auf ein Bier ein, im Fernsehen lief das x-te Match der Fußball-Europameisterschaft. Die Inseljugend an der Bar brachte es fertig, gleichzeitig laute Popmusik zu hören, die Kommentare und das Match zu verfolgen und miteinander zu reden, dabei zu rauchen und Schnaps zu trinken. Es war nicht zum Aushalten an diesem romantischen Ort. Stanley steckte sich zwei, drei, vier Zigaretten gleichzeitig an, der Kumpel rechts von mir fragte mich: „Das lässt du zu?“, und der Kumpel links meinte: „Gewöhn ihm doch das Rauchen ab.“ Dann kam noch ein Dritter bei der Fußbrechertür herein, gerade frisch aus den Staaten, sagte: „Hi! How are you? And can you stop him smoking?“ Das war das Stichwort. Also begann ich die Geschichte vom Überqueren der Ampel bei Rot zu erzählen. Das ist es ja, was die Raucher machen. Nicht jeder, der bei Rot über die Straße geht, stirbt daran, aber mit größerer Wahrscheinlichkeit als jene, die bei Grün darüber gehen. Da packten auch die anderen ihre eigene Anti-Raucher-Story aus. Sie alle hatten in ihrer Jugend stark geraucht und es irgendwann einmal aufgegeben. Wir kamen richtig in Fahrt, bis auf Stanley. Der saß da und steckte sich die sechste Zigarette in dieser halben Stunde an. Ich war sauer und radelte heim. Meine Botschaft vom Big Fish hatte ich ausgerichtet.

Gegen zehn rief er an. Er sagte, er habe tatsächlich einen großen Fisch und ob wir ihn bei mir am Barbecue grillen!? „Natürlich!“ – „See you later.“ – „Wann?“ Aber da hatte er schon aufgehängt.

Es war Ugor, der Meeraal. Stanley hatte das eineinhalb Meter lange Monster tatsächlich im Ganzen gekauft. Dabei hatte sein alter Kühlschrank nur ein winzig kleines Tiefkühlfach. Er hatte ihn zerschnitten und die Teile verschenkt. Ich hatte noch nie so ein schleimig glattes, grünliches Tier gesehen, geschweige denn gegessen, und war auch nicht versessen darauf. Aber Stanley hatte die Stücke schon in Knoblauch und Petersilie eingelegt und ich redete mir ein, das Ganze sei Thunfisch. Stanley machte Feuer im Kamin, rollte sich die Sonnenliege zum Feuer, von wo aus er den Verlauf des Abbrennens zur Glut bequem überwachen konnte. Die Liege hat Platz für eineinhalb Menschen. Ich kuschelte mich dicht an ihn, als er in der Zeitschrift „More" blätterte, dem adriatischen Machomagazin, das richtige Männer lesen, wenn richtige Männer von Jachten träumen. „Ein Boot, ein Boot!" Er zeigte mit seinem manikürten Zeigefinger auf eines und beschrieb mir, wie seines aussehen wird, das er im nächsten Jahr mitbringt, natürlich aus den USA, weil es bei uns in Europa keine Boote gibt.

Er hatte gewaschenen grünen Salat mitgebracht. Die Nachbarin hatte ihm den Salat geschenkt, als sie am Morgen bei seinem Häuschen vorbeikam und ihm beim Wäscheaufhängen zusah. „Du kannst Wäsche waschen!", hatte sie bewundernd ausgerufen, und er meinte: „Ja klar." Er wäscht und bügelt seine Wäsche seit zwanzig Jahren selbst. So lange ist er schon geschieden, er würde sie nie zum Waschen außer Haus geben. Da schenkte sie ihm den Salat, damit er wenigstens damit keine Arbeit hat.

Die Kartoffeln kochten am Herd in der Küche. Aus unserem Garten holte ich frischen Rukola, denn der Nachbarinnensalat schmeckte nach Fisch, weil er im selben Sack wie Ugor war. Die kleinen Schwalben im First rotierten mit ihren Propellern bereit zum Start. Eine nach der anderen plusterte sich auf und machte dabei Lärm. Es sah hübsch aus. Ich blickte nach oben und Stanley auf den Grill. Er fasste die Steaks vorsichtig an, schaute, ob sie durch sind. Sie bekamen eine schöne, goldene Kruste. Sie schmeckten etwas trocken, Ugor war wohl schon ein älteres Exemplar. Dafür fühlte ich mich wie zwanzig und benahm mich auch so, um bald im siebenten Himmel zu schweben, oben in den weißen Wolken über der blauen Adria. Stanley war gut drauf, an diesem Tag, und ich sowieso.

„Welche Frau hast du am meisten geliebt?" Die Frage rutschte mir so raus. Stanleys Antwort kam spontan, wie mit dem Pfeil geschossen: „My mother, of course."

Nach seinem und Ugors Besuch hörte ich tagelang nichts von beiden. Ich nützte die Zeit, las Casanovas gesammelte Werke zu Ende und fing mit „Zorba the Greek" an. Auch davon versprach ich mir Aufklärung über mediterrane Liebhaber. Ich schwamm im Meer, duschte, machte mein Yoga und rief Stanley am Festnetz an. Beim zehnten Mal hob er tatsächlich ab, sagte „Hi" und „I am miserabel". Oh, der Arme, hatte wohl zu viel herumgehangen und zu viel nichts getan. Ich fragte: „Darf ich trotzdem vorbeikommen? Ich möchte dir nur kurz „hallo" sagen. Dann bin ich wieder weg. Ich komme in einer halben Stunde!" Er seufzte: „O.k.", und wenn ich wollte, könnten wir gemeinsam essen, gekochten Aal. Ich dachte: „Schon wieder Aal!" Aber ich sagte nur: „Fein!", und fuhr mit dem Rad noch ein wenig in der Gegend herum, bis ich in seine Straße einbog. Ich gab ihm etwas mehr als eine halbe Stunde, und ein Wunder war geschehen, als ich ankam. Er hatte etwas getan: Sein Fahrrad stand, mit voll gepumpten Reifen, startklar vor der Tür, die löchrigen Fliegengitter im Küchenfenster waren repariert und der Mann stand höchstpersönlich in seinem Garten und nahm die Wäsche von der Leine ab. Er sagte: „Komisch, so viel wie in der letzten halben Stunde habe ich in den letzten Tagen noch nie getan." Ja, komisch! Der Aal schwamm in Tomatensoße, Petersilie und Zwiebeln. Dazu gab es Tomatensalat und Weißbrot zum Tunken. Im Kühlschrank stand ein einsames Bier, wir tranken es gemeinsam. Er sagte: „Hier saß immer meine Mutter", und zeigte nicht auf meinen, sondern auf seinen Platz. Am Tisch lag ihr lustiges kleines Messerchen. Sie putzte viel damit, vor allem Fisch. Sie ernährten sich fast ausschließlich davon. Wenn der Vater am Morgen vom Fischen zurückkam, standen Frau und Kinder am Ufer. Er hatte die Fische schon aussortiert: die großen und wohlschmeckenden für den Verkauf, den Rest für die Familie. Deshalb gab es selten gegrillten Fisch, sondern meistens Fischsuppe. „Brodet" in der Früh, zu Mittag, am Abend. Für die Zufuhr von Omega-3-Fettsäuren war ausreichend gesorgt.

Nun da sein Rad funktionstüchtig war, konnten wir etwas Gemeinsames unternehmen. Eine Radtour! Wir fuhren ein bisschen durch die Gegend, kamen ins Plaudern und schoben unsere Räder nebeneinander ins Dorf.

Es war Nacht geworden, eine milde Nacht voller Zikaden. Riesige Nachtschwärmer, die sich mit langen Rüsseln den Nektar aus den Nachtkerzen holen, brummten durch die Luft. Es war bewölkt, der Mond eine hauchdünne Sichel, die für Minuten zwischen Wolkenfetzen verschwand, danach erschien sie wieder, diesmal leuchtend, am schwarzen Himmel. In der Bar bestellte Stanley einen doppelten Mokka und ich einen Magenbitter, weil mir ein wenig flau im Magen war. Ich hatte das Gefühl, der Aal würde auf der Tomatensoße durch die Speiseröhre nach oben schwimmen.

Am Nachbartisch saßen dunkle, verwegen aussehende Männer und aßen Muscheln. Der Wirt fragte: „Darf ich dir auch welche bringen?", und wartete meine Antwort nicht ab. Er brachte klobige Dinger auf einem Teller, Muscheln, die aussahen wie Steine. Ihr fleischiges Inneres war weich und warm. Dabei warf er mir Blicke zu, die mir unangenehm waren. Zu Stanley gewandt sprudelte er etwas heraus, das ich, auch ohne es zu verstehen, verstand. Diese Muscheln waren, so hätte Casanova sie beschrieben, schlicht und einfach: wollüstig. Sie sahen wie ein erwartungsvoller, weiblicher Geschlechtsteil aus. Stanley blickte zur Seite, als Adriano die Früchte der Aphrodite auf den Tisch knallte. Ich blickte auf die Muscheln und mir wurde noch schlechter. Mir grauste. Ich sagte, ich kann nicht. Da schob Stanley seinen Kaffee zur Seite und aß, ganz Kavalier der alten Schule, die Dinger kommentarlos auf.

Am nächsten Tag stellte er mir die wilden Gesellen, derentwegen er meine Muscheln gegessen hatte, als seine neuen Freunde vor. Sie waren Schwammtaucher. Sie hausten im Hafen auf einem Fischerboot. Der Mächtigste von den dreien war im Gesicht schwarz wie ein Kohlenmann. Wenn sie Lust haben, dann fahren sie um die Insel und tauchen bis zu vierzig Metern tief und holen die Schwämme herauf. Stanley fand das toll. Ich fragte: „Wer braucht so einen Schwamm? Ist es überhaupt erlaubt?“ Er wusste es nicht. Der älteste der Schwammtaucher ist schon sechzig und taucht immer noch. Das fand er phänomenal. Wir schoben unsere Räder hinaus auf die Mole. Dort lag ihr Boot. Es sah etwas heruntergekommen, doch seetüchtig aus. Der Kapitän stand an Deck vor einem Propangaskocher und rührte in einem Topf, in dem etwas brodelte. Er hatte ein Brodet – eine dalmatinische Fischsuppe – gekocht, mit Kartoffeln und viel Zwiebeln. Diese Suppe sah wie Fischgulasch aus. Er lud mich ein, mit ihm diese Suppe zu essen. „Es muss sein“, gab mir Stanley zu verstehen, denn er schob mich zart aufs Deck hinauf. Er selbst blieb draußen. So musste ich nun alleine vor der großen Schüssel sitzen. Der Kapitän drückte mir einen Löffel und ein Stück Brot in die Hand. Ich fragte ihn, was denn da für ein Fisch drin sei. Er antwortete und schürzte dabei die fleischigen Lippen: „Uuugorrrr“ und „noch was“. Dieses „Noch was“ hatte höllische Gräten. Als ich die erste spürte, dachte ich daran, dass wir auf Mali Otok keinen Arzt haben. Als sich die zweite in den Rachen bohrte bahnte sich Panik an. Der Kapitän meinte, ich sollte ruhig mit dem Finger in die Suppe fahren und die Gräten im Vorfeld aussortieren.

Brodet: dalmatinischer Fischeintopf

Fischsuppen sind in einer Küstenregion und auf Inseln das einfachste Gericht, das man sich vorstellen kann, und das billigste. In Hungerzeiten kochten die Leute sogar mit Algen bewachsene Steine aus, wenn sie sonst nichts hatten. In armen Zeiten verwendete man jene Fische oder Fischteile, sie sich für etwas anderes nicht mehr eigneten, und kochte daraus Suppe, in der etwas schwamm, was man abnagen konnte. Das ist aber noch kein Brodet, kein Fischeintopf. Er ist dickflüssig und besteht aus festkochenden, knorpeligen Fischen und Fisch-Stücken. Wie man ihn macht, ist Ansichtssache. Persönliche Vorlieben für Gewürze und Gemüse, das mitkocht, spielen eine Rolle. Wichtig ist, dass ein Brodet langsam auf kleiner Flamme köchelt, sei es in Wasser, Tomatensoße oder in Wein. Die Fischstücke sollen nämlich nicht zerkochen, sondern im Ganzen bleiben. Am besten eignen sich: Angler, Skorpionfisch, Stücke vom Meeraal.

Man bräunt Zwiebel und Knoblauch in Olivenöl leicht an, gibt Tomatenmark, ein paar geschälte Tomaten und eine Messerspitze Paprikapulver hinzu, gießt mit Fischfond, aber auch mit Wasser auf. Etwas Zitronensaft oder ein paar Spritzer Essig beigeben. Das adstringiert die Fischhaut, die das Fleisch zusammenhält. Die Fischstücke werden extra, in heißem Öl angebraten, bis sie eine Kruste bekommen. Dann legt man sie vorsichtig nebeneinander in die Soße, so dass sie zur Hälfte mit der Soße bedeckt sind. Deckel drauf und langsam köcheln. Nicht umrühren! Am besten, man fasst den Topf an den Henkeln und schüttelt ihn. Vor dem Anrichten fein gehackte Petersilie darauf geben.

Summertime

Mit dem Einzug der Touristen auf die Insel zog auch die Bürokratie ein. Im normalen Alltag ist sie nur in der fernen Stadt zu finden, wo die lästigen Ämter sind. Nun aber war sie auch auf Mali Otok angekommen. Gerufen hat keiner nach ihr.

Eines Tages spazierte ich hinunter zum Hafen. Aus dem „Tourist Office", einem baufälligen Schuppen, tönte laute Disco-Musik. Ich wurde neugierig und schaute rein. Zwei Kinder saßen drinnen und ein junger Mann, in dessen Ohrläppchen ein goldener Ring nach Seemannsart steckte. Er wirkte wie ertappt, als ich eintrat, und drehte sofort die Musik ab. Er kassiere die Übernachtungsgebühren, sagte er. Vor ihm lagen ein Heft und ein Rechnungsblock. „Pro Kopf fünf Cent am Tag." Er sagte: „Dazu müssen die Touristen aber ihren Pass selbst vorbeibringen." Dann wollte er auch von mir Geld kassieren. Ich sagte: „Kennen Sie mich? Ich bin keine Touristin, ich wohne hier." Er sagte: „Oh, ja", und schielte dabei auf seine Musikmaschine. Er war sauer, weil ich noch da war und er keine Musik hören konnte. Ich wollte wissen, wie er auf die Idee kam, dass ich zahlen muss. Er zeigte auf eine behördliche Verfügung. Die hatte er vor sich auf dem Tisch liegen. Darauf stand, wer in diesem Land welche Tourismusabgaben zu zahlen hat. Natürlich stand es in Landessprache da, und er musste es übersetzen. Laut dieser Verordnung gehörte ich offenbar zur Kategorie der Hausbesitzer ohne Hauptwohnsitz und müsste deshalb acht Euro im Jahr an Gebühren entrichten. „Wofür?" Das konnte er mir nicht sagen. Wäre ich auf der Insel geboren, so wie er, dann zahlte ich nichts. Und jedes Familienmitglied, das bei mir wohnen würde, ob im Sommer oder Winter, müsse weitere zwei Euro zahlen, pro Kopf. „Aber für welche Periode?" Auch die Freunde im eigenen Haus müssten zahlen. Ich sagte: „O.k., dann zahl ich mal meinen Anteil", und zückte die Brieftasche. „Und wo ist ihr Pass?", fragte er. Den hatte ich natürlich nicht mit. Bis zum Einfall der Touristen brauchte niemand einen Pass auf dieser Insel. Er sagte: „Dann zahlen Sie eben nicht." Zehn Minuten hatte er nun schon mit mir verschissen. „Und wenn ich nie das Tourist-Office betreten hätte, wie kann ich wissen, dass ich was zu zahlen habe?", fragte ich. Er sagte: „Aber Sie sind ja hereingekommen. Wegen der lauten Musik. Damit locke ich die Leute." Und ob er auch am Sonntag hier sitze, fragte ich. Am Sonntag kommen immer die meisten Touristen. Er sagte: „Nein, da haben wir zu. Das Amt ist nur von Montag bis Freitag von sechs bis sieben Uhr am Abend offen." – „Da werden Sie aber nicht viel Geschäft machen", meinte ich. Er zuckte mit den Schultern, sein Mittelfinger lag schon am Druckknopf der Musikmaschine. Ich machte ihm einen Vorschlag. „Was wäre, wenn Sie im Hochsommer bei mir im Haus vorbeikommen. Dann können Sie gleich selbst schauen, wer da ist. Sie können die Gebühren an Ort und Stelle kassieren." Er sagte: „O.k." Aber er dachte: „Wann geht die Alte endlich raus?", und startete seine Musikmaschine.

Drunten im Hafen, wo man die Boote an Land ziehen kann, standen ein paar Männer herum. Stanley stand auch dort. Er rauchte und schaute einem blonden Lockenkopf mit Stülpnase und Schlitzaugen beim Bootstreichen zu. Ich erzählte vom Intermezzo im Touristenbüro. Der Lockenkopf malte mit Hingabe Weiß auf Himmelblau, viel zu dick trug er den Lack auf. Er hielt ein wenig inne und hielt den Pinsel in die Luft und behauptete, dass man auf dieser Insel sogar für das Regenwasser zahlen müsse, das vom Himmel direkt in die Zisterne rinnt. Das war die neueste Nachricht vom Tag. Aber dann sagte ein anderer, der sich dazugesellte, ein Dunkler, Kleiner mit schwarz geölten Haaren und Kugelbauch, es zahle eh keiner für irgendetwas und kein Beamter kontrolliere das, obwohl er dazu den staatlichen Auftrag hat. Und warum? Weil er auf der Insel sicher fünfzig Verwandte und Kumpels hat, denen er das Geld nicht aus der Tasche ziehen wird. In diesem Land bräuchten auch die Kontrolleure Kontrolle, jawohl, sagte ein Dritter. Die anderen schwiegen. Stanley schaute mich mit seinen bernsteinfarbenen Augen an. Heute war er gut aufgelegt. Abenteuerlustig. Er war launisch, wie jeder hier, weil die Stimmung der Menschen auf dieser Insel von Ebbe und Flut abhängt. Bei manchen ist nur noch Ebbe, wie zum Beispiel beim mieselsüchtigen Filip. Der stand die ganze Zeit daneben und hörte uns zu. Er ist davon überzeugt, dass die Nachteile des Insellebens bei weitem die Vorteile überwiegen. Er jammert ständig. „Nichts ist mehr in der Adria drin“, grummelt er laut vor sich hin, wenn er zu seinem Boot schlurft. Jeden Tag spielt sich dasselbe Theater im Hafen ab. Ein paar Stunden später kommt er mit der Beute zurück: mit einer schillernden Zahnbrasse, einem grünen Meeraal und einem stacheligen Seeteufel. „Was hast du gefangen?“, frage ich ihn. „Ach, nichts!“, jammert er, versteckt seinen Fang und schlurft nach Hause.

Ein Stündchen später ruft Filip seine Kunden an, Private und Restaurants, und bietet seinen Fang an. Es ist alles streng geheim, weil Filip keine Konzession hat und das Geld unversteuert in die Tasche steckt, so wie der Wirt, der einen schönen Fisch brät und serviert. Das Finanzamt in der fernen Stadt sieht davon rein gar nichts. Der Preis eines edlen Adriafisches hängt vom Kunden ab. Ich zum Beispiel zahlte, als ich die Fische noch kaufen musste, doppelt so viel wie das Restaurant. Was immer noch ein Klacks ist, gegen die Preise, die man für Fische in österreichischen Lokalen verlangt. Wenn ich in Wien bin und meine Freundinnen treffen, möchten sie meistens Fisch essen, dalmatinischen. Sie sehen mich und denken an Fisch! Also besuchen wir eines der für nationalisierte Insulanerinnen halbwegs akzeptablen Lokale – und blechen wie verrückt.

Und nun war ich wieder mal in Wien gewesen, hatte Stanley angerufen, ihm von Kultur und Shopping erzählt. Darauf antwortete er dann höflich: „Aha. Ich war fischen.“ –„Und, hast du was gefangen?“ Er sagte: „Ach ja, einen kleinen Branzin. Aber der ist mir dann von der Angel gefallen.“

Zurück flogen wir über das Gebirge und über die Inselkette. Da unten, da ist mein kleines Mali Otok, mit seinen Buchten, dem Dorf, dem Grün der Macchia, dem weißen Rand der Küste. „Dort unten“, sagte ich zu meiner Sitznachbarin, „dort ist mein Zuhause.“ – „Ach?“, sagte sie. „Sie wohnen hier, sie machen hier nicht Urlaub?“ Sie fuhr in den neuen all-inklusive Mega Club an der Küste. Von Mali Otok und den dreizehn Kalamari-Inseln hatte sie noch nie gehört.

Endlich krank

Die Insel duftete schwer nach dem blühenden Geißblatt, am Wegesrand blühten die Malven in ihren sanften Farben, in Rot, Weiß und Rosa. Diese Blütenpracht war mir gar nicht aufgefallen, als ich weggefahren war. Ich packte die Sachertorte aus, die Stanley sich nicht gewünscht hatte. Er will nicht beschenkt werden. Später gingen wir in die „Strandhütte“, ein neues Lokal, mit einer Hollywoodschaukel als Attraktion. Darin schaukelte sich Stanley mit mir in den Sonnenuntergang. Ich fühlte mich schon seit ein paar Stunden nicht wohl, meine Glieder schmerzten. Jetzt schmerzten sie noch stärker, der ganze Körper tat weh. So eine schmerzhafte Grippe hatte ich zum letzten Mal als Kind gehabt. Ich hatte Kopfweh, mir war heiß, vielleicht Fieber? Ach was!

Ein letztes Schwalbenkind saß im Nest, seine Geschwister waren alle ausgeflogen, die anderen Nester, mittlerweile waren es vier, waren schon leer. Die Alten fütterten den Hinterling den ganzen Tag. Gegen Abend stieg auch er an den Nestrand, um seine Flügel zu trainieren. Jetzt, wo er Platz hatte, konnte er sich erst richtig entfalten. In kurzer Zeit hatte der Kleine seinen Entwicklungsrückstand aufgeholt. Später am Abend kamen die anderen drei Nesthocker wieder nach Hause. Die vier Schwalbenkinder spazierten auf den Lehnen der Stühle herum, hüpften über die Tischplatte, sie sahen schon wie erwachsene Vögel aus. Am Tag darauf war auch das Nesthäkchen verschwunden. „Ausgeflogen“, sagte ich zu Anja, die in der Früh um sieben kam, um das Haus zu putzen. Ich zog mich in mein Zimmer zurück, meine Glieder fühlten sich wie Blei an. Ich legte mich ins Bett. Als ich um elf auf die Terrasse ging, wo Anja den Boden schrubbte, waren alle Nester weg. „Schwalben weg, Nester weg,“ sagte sie. „Jetzt ist Schluss mit dem Dreck.“ Statt nichts zu tun, außer Eier zu legen, werden sie ein neues Nest bauen müssen. Nun war die Familie obdachlos. Und sie ließen es mich wissen. Als ich nämlich am Abend, schon fiebernd und in eine Decke gewickelt, erschöpft auf die Gartenliege sank, kamen die Alten. Nun würden sie im kommenden Jahr wieder von Vorne beginnen müssen, statt ins gemachte Nest zu ziehen. Als die Jungen am Abend von ihrem Ausflug wieder zurückkamen und ihre Heimat nicht mehr vorfanden, waren sie völlig verstört! Sie flogen unter dem Dachstuhl herum und suchten nach einer Bleibe. Aber da war nichts mehr! Sie zwitscherten einander zu in der Schwalbensprache und beratschlagten sich. Etwas später flogen vier kleine Schwälblein zu jener Stelle, an der ihr Geburtsnest einmal klebte, setzten sich eng nebeneinander auf den Holzbalken und ruhten sich aus. „Dann müsst ihr eben im Freien schlafen“, sagte ich und legte mich ins Wohnzimmer auf die Couch.

Mich fröstelte. Jetzt brach sie aus: die Sommergrippe! Und ich hatte gar nichts, schon gar nichts dagegen im Haus. Eine wie ich, die wird nicht krank und ist immer für die anderen da, die kränker sind. So hatte ich es in fünfundzwanzig Jahren Familie gelernt. Aber jetzt? Jetzt durfte ich krank sein, mich endlich dem Kranksein hingeben. Es war mir, als freute ich mich sogar darüber.

Ich holte eine Decke und döste auf dem Sofa, als es klopfte. Es war Stanley im gelben T-Shirt, am Kopf eine weiß bekleckste Schirmkappe. Er wirkte frustriert. Ich sagte: „Komm nicht zu nahe. Ich glaube, ich bin krank.“ Das tat ihm leid, denn eigentlich war er vorbeigekommen, um sein Herz auszuschütten. Er sagte, er müsse dringend mit einem menschlichen Wesen reden, und damit meinte er mich. Er zählte die örtliche Bevölkerung ja eher zu den Tieren. „Na, dann los“, sagte ich, Sommergrippe schützt vor Zuhören nicht. Ich hatte mir einen frohen Stanley erwartet, denn an diesem Morgen hatten sie endlich mit dem Dachdecken begonnen, was ihn doch freuen müsste. Das tat es offenbar nicht.

Er setzte sich auf einen Hocker. Ich glühte. Ich hatte sicher hohes Fieber, aber kein Thermometer. Er war völlig fertig. Laut stellte er sich wichtige Fragen, sich, wohlgemerkt, nicht mir. Ich hörte nur zu. Mir brummte der Schädel. Er fragte sich, ob es klug sei, aus Kalifornien wegzuziehen. Das Klima dort ist angenehm warm, er hat ein Boot und das Meer, er kann fischen und sich ins Auto setzen, um die Kinder in der Salzwüste zu besuchen. Ach, das war es! Sie hatten Daddy schon wieder mal nicht wie vereinbart angerufen, hatten auf ihn vergessen! „Und wenn du ein halbes Jahr doch nach Utah ziehst und ein halbes Jahr nach Mali? Wenn du dort die Familie erlebst und in Mali das Meer?“ Mein Kopf dröhnte, aber ich konnte noch denken, noch ein bisschen. Er sagte: „Utah? No way. No sea.” Blieben nur Mali Otok und die blaue Adria, unser Inselparadies. Und ich war ja auch da, die österreichische Landratte, wenigstens ein halbes menschliches Wesen im Vergleich mit einem bosnischen Waldschrat. Die Waldschrate sind es, die nicht so arbeiten, wie er es ihnen anschafft. Sie machen, was sie wollen und wann sie wollen. Es wird nichts fertig werden, nicht so, wie er es sich vorgestellt hat. Das Haus war innen eine Baustelle, auf der kein Arbeiter war. Meine Schultern waren bleischwer.

An so einem idealen Dachdeckertag bei klarem Himmel und kühlem Wetter war er grantig, weil nichts nach seinem Kopf ging. Am frühen Morgen waren Stanko & Danko vor dem Haus gestanden, mit nichts als einer alten Axt ausgerüstet. Sie sagten: „Und wo ist die Leiter?" – „Na, wo soll die sein? Noch in Amerika! Hättet doch selbst eine mitbringen können." Sie sagten: „Aha", und gingen wieder heim. Zwei Stunden später waren sie mit einer Leiter da. So ein Modell liegt in Amerika längst schon am Müllplatz.

Aber er war noch nicht fertig. Seine Gedanken waren immer noch in Utah bei seinen Kindern, und seine Telefonrechnung war schon dreimal so hoch wie die meine. Er sagte: „So viel wie hier in einem Monat habe ich in Amerika im letzten Halbjahr nicht vertelefoniert." Andauernd rief er die Kids an, auf ihren Mobiltelefonen. „Warum nicht von Festnetz zu Festnetz?" Er sagte: „Geht nicht, weil sie nicht daheim sind, wenn ich sie anrufe." – „Und warum rufen die Kids nicht bei dir an?" – „Tun sie ja, aber dann bin ich nicht daheim." Verständlich. Die Zeit, die er in dem alten Pisspott verbrachte, hatte er auf ein Minimum reduziert. Er schlief nur wenig Stunden dort. Er döste meist unter der Linde. Er hätte ihnen ja meine Telefonnummer geben können, ich habe einen Anrufbeantworter. „Wäre ein wenig Zeitplanung nicht doch angebracht? Ein klitzekleiner Timetable? Etwa: Jeden Sonntag am Abend um einundzwanzig Uhr wird telefoniert? Da ist es drüben gerade Mittag und anzunehmen, dass die Töchter schon aus den Federn gekrochen sind, hopefully." Ich hätte das mit dem Telefonieren schon längst so organisiert, oder, noch besser, mir ein Mobiltelefon mit einem günstigen Überseetarif angeschafft.

Mein Kopf war am Zerplatzen. Die Beine, die Arme, selbst die Füße schmerzten. Ich fieberte hoch. Das merkte auch er und schickte mich ins Bett. „Du bleibst jetzt daheim", sagte Stanley, „und gibst eine Ruh." Er holte eine Doppel-Großpackung Alka Seltzer aus seiner Hütte. „Bigger is better" stand drauf. Ich war schon im Delirium. Stanley löste die Tabletten in Wasser auf, brachte mir ein Leintuch, einen frischen Polster. „Augen zu." Er strich mir über den Arm und blieb am Bettrand sitzen, wohl bis ich eingeschlafen war.

Unternehmungslustig

Im Nachbarhaus waren zwei befreundete Wiener Familien eingezogen. Sie hatten zwei Wochen Ferien veranschlagt, vierzehn Tage. Davon hatten sie für die Anreise schon drei Tage verbraucht. Es war Dienstag und sie wollten bis Donnerstag bleiben. Sie hatten alles geplant. Kaum waren sie angekommen, hatten sie schon eine Menge Fragen: Wo hier die Strände sind? Wie weit muss man bis dorthin gehen? Welche Restaurants gibt es? Wo ist der Arzt? Und wo sind die Geschäfte? Die Mama hatte nämlich ihre Wanderschuhe in Wien vergessen und jetzt wollte sie welche kaufen. Auf Mali! Auch einen Sonnenschirm für den Strand bräuchten sie, den hatten sie auch vergessen. Da musste ich sie aber enttäuschen. Auf der Insel gibt es nichts dergleichen zu kaufen, nur Lebensmittel und ein paar Haushaltsartikel. Das war auch eine interessante Erfahrung. Sie sagte: „Werd ich eben in Schlapfen herumgehen oder nur faul herumliegen." Sie freute sich geradezu darauf. So schnell ändert ein Mensch seine Bedürfnisse, wenn er keine Wahl hat.

Der akademische Gatte war nicht so genügsam wie seine Frau. Mit seinem scharfen Blick hatte er die Situation auf unserer Insel sofort erkannt. Er sagte: „Erstens Rückstand. Zweitens Stillstand." Er war ganz schön arrogant. Und dann die vielen Amis hier, auch das hat er gleich gesehen. Mit ihren Goldkettchen um den Hals und dem heiligen Nikolaus am Anhänger, dem Schutzheiligen der Seefahrer. Ich spürte einen leichten Stich in der Gegend zwischen Magen und Herz.

Sie polterten im Hof herum, sie waren mit Fernglas und Fotoapparat, Rucksack und Sonnenhüten, Safarijacken und Luftmatratzen bewaffnet. Sie wollten in den Ferien nicht ruhen, sie wollten was unternehmen. Täglich wanderten sie an einen anderen Strand, sie entdeckten die Insel, mit all ihren Tieren am Land und im Meer. Die

Kinder quietschten vor Vergnügen. Nach dem Ausflug an unsere bescheidene Steilküste, wo außer ihnen kein Mensch war, wollten sie nun wieder an den Goldstrand gehen und dort einen Müllbaum errichten. Eine gute Idee! Sie sammelten schon seit ihrem ersten Ausflug den Müll der Insel ein und weil ihnen dabei langweilig wurde, machten sie nun aus dem Müll ein Kunstwerk. Ach, wie dynamisch eine Familie sein kann und wie kreativ engagierte Eltern! Die Kleinste war die Aktivste. Sie krähte zu meinem Fenster hinauf, sie habe die meisten Flaschen gesammelt und an den Müllbaum gehängt. Sie rief: „Komm doch mit!“ Doch als ihr Papa den Ton meiner schleppenden Stimme hörte, wusste er Bescheid. Er brachte mir zwei Wunderpillen gegen die Grippe. Er sagte: „Die sind ein Hammer.“ Ich nahm die erste.

Als Stanley anrief, waren die Gliederschmerzen wie weggeblasen. Ich war auch nicht mehr heiß auf der Stirn. „Mir geht's gut“, sagte ich. „Mir auch“, sagte Stanley. Er hatte sein Problem gelöst, indem er mit den Arbeitern einfach nicht mehr redete. Die drei Sturschädel standen nun oben am Dach und jeder machte seinen eigenen Job. Stanley sagte, sie machen es auf ihre Art und er auf die seine. „I do it my way“, das waren die Worte, die er am häufigsten gebrauchte. Ich konnte diese Worte nicht mehr hören. Warum, bitte, können zwei Leute mit nur einer Axt nicht auf ihre Weise ihr Dach decken? Es wird halt später fertig. Ist es nicht eine Kunst, mit einfachem Werkzeug Häuser zu bauen? Schweigend arbeiteten sie nebeneinander, ohne dass der eine vom andern was abschaute. Ja, so geht es auch. Das war keine erfreuliche Situation, aber sie brachte meinen Inselfreund in einen erfreulichen Stimmungswechsel. Er wollte nur wissen, wie es mir geht, bevor er wieder aufs Dach stieg.

Ich legte mich zurück ins Bett und schlief, bis mich ein nahrhafter Duft weckte: Diana stand vor mir. Sie hatte mir eine heiße Kartoffelcremesuppe mitgebracht. Brav aß ich die gute Suppe mit wenig

Appetit und freute mich über die Aufmerksamkeit. Brachte mich denn nur Kranksein zum Nichtstun? An diesem Tag hatte ich tatsächlich nichts getan, weil ich zu schwach und müde war.

Ich blieb auch am nächsten Tag zu Hause und lag meist herum. Ich las „Zorba the Greek“ zu Ende. Ganz zum Schluss singt Zorba ein Loblied auf die mediterranen Frauen. Sie leben ihr eigenes Leben und lassen den Mann in Ruhe. Das sind sie offenbar gewohnt, unsere Inselmänner, und wenn ihre Frau sich nicht an die Ruheregel hält, dann fahren sie mit dem Boot raus. Ich klappte das Buch zusammen und ging ans Fenster. Männer haben keine Lust, sich mit Brünhilden zu messen, sie wollen mit anderen Männern kämpfen. Unten auf der Wiese machten zwei Kaninchen Männchen. Sie standen einander in einem Abstand von ungefähr zehn Metern auf den Hinterbeinen gegenüber. Sie reckten ihre Nasen in die Luft und schnupperten, dass die Barthaare zitterten. Dann sprangen sie auf alle viere und rannten aufeinander zu. Knapp vorm Zusammenprall richteten sich die beiden auf und begannen zu kämpfen. Mit den Vorderbeinen boxten sie aufeinander los, es dauerte nur wenige Sekunden. Dann kehrten sie in die Ausgangsposition zurück und versuchten dasselbe mit einem neuen Anlauf wieder. So ging es ein halbes Stündchen dahin, bis sie völlig erschöpft auseinander hoppelten.

Im Erschöpfungszustand befand sich auch der Inselmann. Er war vom Dach heruntergestiegen und vorbeigekommen, um sich massieren zu lassen. Er hatte in den Waden einen Muskelkater. Ein Fischer, der sein Leben zwischen dem Strand und seinem Boot verbringt, steigt eben selten auf steile Dächer. Ein Fischer hat keine Alpenwaden. Die Massage tat ihm gut, und beinahe hätte er sich mir voll und ganz hingegeben, wäre nicht der österreichische Familienchef von nebenan aufgetaucht, der Ober-Checker des Insel-Aktiv-Urlaubs. Er stürmte um die Ecke und lud uns zu eine Palatschinken-Mulatschak. „Geh du nur“, sagte Stanley und machte sich aus dem Staub.

Anekdoten und Witze aus Österreich machten die Runde, es ging um jene, die es sich richten, um Dienstautos und Gratisflüge, um Pragmatisierung und Doppelbezüge und wie man mit Geschick drei Pensionen ergattern kann, obwohl man nur in eine einzahlt. Die Österreicher luden mich ein, doch am nächsten Tag mitzukommen. Wir starteten in der vollen Mittagshitze hinüber auf die andere Seite der Insel. Ein paar Leute waren in der Bucht. Sie hatten es sich mitten im Strandmüll gemütlich gemacht. Ihre Decken hatten sie einfach über den Plastikabfall gelegt. Die österreichische Truppe hingegen machte sich sofort an die nun schon gewohnte Arbeit und befreite die Hälfte der Bucht in zwanzig Minuten von zerfetzten Reifen, Plastikflaschen, halben Klodeckeln und zerlöcherten Plastikschüsseln. Die Kinder bauten sich in zehn Minuten aus Strandgut ein Sonnendach. Wir spannten unsere Sonnenschirme auf und streckten uns auf den Luftmatratzen aus. Nur unser Führer, der Mann, der auch im Urlaub keine Sekunde ruht, werkte eifrig weiter. Aus Schwemmholz baute er ein Sonnensegel, dazwischen erkundete er den Strand, fotografierte Gott und die Welt und unterhielt die Kinder mit belanglosen Informationen aus Meeresfauna und Flora.

Als am späten Nachmittag ein Fischerboot vorbeikam und ein verboten schöner Jüngling dem Boot entstieg und an Land schwamm, fragte er den gleich, ob er uns nicht mit dem Boot in das Dorf zurückbringen könnte. Er fragte mit Erfolg. Der schwarz gelockte Jüngling mit den grünen Augen und dem Luxuskörper hieß Ado, und er sagte: „Gern." Das hätte ich nie erwartet. „Na bitte", rief der Organisator leicht triumphierend. „Zusammenpacken! Aufbruch!"

Ado war Berufsfischer, was er fing, verkaufte er an die Restaurants. Er putzte, kurz bevor wir einstiegen, noch seinen Fang: ein paar kleinere Fische und einen Katzenhai, der knapp einen Meter lang war. Ein hübsches Tier, seine Haut fühlte sich rau an wie ein Reibeisen und doch weich wie feinstes Leder. Als wir endlich alle auf dem Boot saßen, konnte unser Führer auch hier nicht stillsitzen. Er verteilte Handtücher an die Lieben und wurde nicht müde, dieses dalmatinische Gottesgeschenk, mit seinem muskulösen Oberkörper und seiner braunen Haut, den dunklen Locken und den weißen Perlmuttzähnen, zu fotografieren.

Die Kinder der Familie waren zum ersten Mal in ihren Leben auf einem Fischerboot. Ihre Zähne klapperten vor Angst und sie zitterten vor Kälte, und die schneeweiße Haut des rothaarigen Jungen bildete zur dunklen des Fischers einen hübschen Kontrast. Der Vater hatte selbstverständlich auch eine Küstenkarte eingesteckt und klärte uns über Tiefen und Untiefen auf. Er nannte die Buchten beim Namen und erzählte uns Historisches von damals, als alles hier noch bei Österreich gewesen war.

Gemeinsam studierten wir die Maschen der Netze und übten an einem Seil verschiedene Seemannsknoten. Ich mühte mich mit dem Palstek ab. „Ich schaffe es nie." – „Ich schon." – „Oh, ja." – „Geschafft." Wir waren die ganze Fahrt lang beschäftigt. An der Mole organisierte der Führer das Ausladen der Rucksäcke und das Aussteigen der Bande. Danach war ich völlig beruhigt. Im Vergleich mit diesem Animateur war ich im Nichtstun bereits Europameisterin!

Unter der Peka

Das Kochen unter der Tonhaube stammt aus Urzeiten. Weit vor den Römern (Römertopf) hat man so schon alles, was schwimmt, fliegt oder läuft, zubereitet. In Istrien, Dalmatien und im Hinterland gibt es neben der Tonhaube auch den Tontopf mit Deckel. Oder beides aus Metall.

Auf den Inseln war die Peka angeblich ursprünglich nicht daheim. Das ist schwer vorstellbar. Denn heute kocht unter ihr ein jeder: Huhn, Fisch, Lamm, Oktopus.

Im Kamin wird ein großes Feuer gemacht, so groß, dass man die Peka mit Glut bedecken kann. In ein Gefäß, das zum Deckel passt, kommt alles Mögliche hinein: Fleisch, Kartoffeln, Gemüse, Olivenöl. Kein Wasser, kein Wein! Die Zutaten werden im Feuer genügend eigenen Saft lassen, umso mehr, je mehr Gemüse man nimmt. Deshalb machen die Einheimischen ihre Peka-Speisen eigentlich nur mit Kartoffeln. Zu viel Saft nämlich verhindert, dass das Fleisch eine schöne Kruste bildet.

Man macht nun in der Glut für Topf und Deckel schön Platz, deckt zu, überdeckt alles mit Glut und braucht weiter nichts zu tun. Zwei, drei Stunden sind ideal, und es macht nichts, wenn es länger dauert. Die schmackhaftesten Peka-Gerichte gelingen übrigens im Wok oder in einer anderen gusseisernen, gebogenen Pfanne, weil das Fleisch hier viel mehr Fläche für die Kruste bildet.

Hausfrau oder Hausmann sind, haben sie Gäste, mit einer Peka bestens dran. Sie können sich, während der Braten schmort, mit Small Talk und anderen Dingen beschäftigen. Der Genuss eines Huhns, eines Lammschlögels, eines Fisches oder sogar der eines Oktopus wird ein grandioser sein. Und am besten schmecken werden jedem – die Kartoffeln.

Tempowechsel

„Hey, Roko! Wie geht's?" – „Ein freier Stuhl?" – „Oh, ja." Roko hat was Italienisches an sich, deshalb nennen sie ihn so. In Wirklichkeit heißt er Niko, wie zwanzig andere Insulaner auch. Er ist klein und flink wie eine Maus, läuft mal hierhin, mal dorthin, ist unberechenbar. Er ist wie Napoleon: ein ehrgeiziges Energiebündel, zusammengestaucht auf einen Meter vierundfünfzig. Er könnte auch wie Caesar sein. Der sagte nämlich: „Besser auf Mali Otok der Erste als der Zweite in Rom." Ich erinnerte mich ans vergangene Jahr. Da hatte Roko gleichzeitig fünf Frauen gevögelt, zwei Motorboote gefahren und achtzehn von zwanzig Tontauben erlegt. Roko ist der Insel-Ausnahmemann.

„Was trinkt ihr? Gin Tonic?“ – „Ja, klar.“ Mit grünem Tee war jetzt nichts mehr. Es gab viel zu erzählen. Roko sprudelte alles hervor, direkt aus New York. Er hatte gerade seine dritte Scheidung hinter sich gebracht und seiner Frau alles gegeben. Das Auto, das Haus. Alles. „I am broke“, sagte er. Pleite. Dafür sah er aber ganz gut aus. Wenn Roko auf Mali ist, dann tanzen die Puppen.

Roko ist im Gegensatz zu den alljährlichen Wiederholungstätern das linear ausgerichtete Erfolgsprinzip. Und dann sucht er hier eine Frau oder auch zwei. Das sei ihm ganz wichtig. Seine Taten, Wünsche und Pläne sprudelte er alle in fünf Minuten heraus. „Wow“, sagte Stanley, „wie du das nur alles machst. Ich mach hier nämlich gar nichts.“ Er bewunderte ihn ehrlich. „Wie schaffst du das nur?“ Roko verriet uns sein Geheimnis. Er sagte, er schlafe nur zweieinhalb Stunden am Tag. Wie Napoleon. Wie dieser kann er dazwischen auch für ein paar Minuten dösen, das reicht, um seine Energien aufzutanken. Wieso Roko dann plante, so wie Stanley, für immer nach Mali Otok zu ziehen, war mir ein Rätsel. Ein Gerücht machte schon lange die Runde. Es besagte, dass Roko mit der kleinen Insel Großes vorhat.

Roko zahlte die Rechnung. Roko zahlt immer alles, kaum sitzt er am Tisch. Auch Stanley zahlt die Rechnung, wenn andere an seinem Tisch sitzen. Oder er zahlt die Rechnung vom Nebentisch. Das war ein Hin-und-her-Zahlen, an diesem Abend. Die Kellnerin war ganz verwirrt. Dann verließ uns Roko. Er wechselte an einen Zwölfertisch, ließ Wein auffahren und zahlte wieder. Ganz so „broken“ war er wohl nicht, oder ein heilloser Zocker. Einer meinte, dass Roko eben ein großes Herz hat. Oder er wollte tatsächlich in die Regionalpolitik einsteigen, das traf es wohl eher. Gegen elf kam er wieder zu uns. Da hatten wir uns schon vermehrt, Mike saß mit am Tisch, Mike der blendend aussah, ein Mann Ende fünfzig: groß, schlank, mit graumelierten Locken, blitzblauen Augen und immer braun gebrannt. Mike hinkte manchmal, meist dann, wenn man ihm beim Gehen zusah. War er etwa einer von denen, die manchmal ein wenig hinken üben müssen, weil sie in der Invalidenrente sind? Er sprach ganz frei über sein Schicksal. Mike hatte eine für die Insel ungewöhnliche Karriere hinter sich, weil er nie so wie die anderen war, nie als Schwerarbeiter im Hafen begann. Er war ein talentierter Handballer gewesen, und so schickten sie ihn schon früh von der Insel in die Hauptstadt zum Verein Partisan Otok. Die Mannschaft hatte Europaformat und nach einem Spiel in den Vereinigten Staaten blieb er gleich dort. Neben dem Ballgefühl war sein blendendes Aussehen sein Kapital. Und weil das im Handball wenig nützt, wechselte er zu Golf. Er wurde Profi-Golfer, eine Art früher, dalmatinischer Tiger-Woods. Was dann passierte, weiß er selbst nur aus Berichten. Ein Golfball hatte ihn am Kopf erwischt und nichts war mehr wie früher. Er sagte: „Eine hohe Berufsunfähigkeitsversicherung ist das Erste, was man in Amerika macht." Daneben hatte Mike auch Glück mit Immobilien, die er kauft und verkauft, und er straft all jene Lügen, die behaupten, dass man in Amerika fleißig arbeiten muss, um es zu etwas zu bringen. Mike sagte: „In Amerika brauchst du vor allem Glück."

Er heiratete dreimal, Frauen mit Geld. Der Preis dafür war: Sie hatten in der Ehe das Sagen. Sie klopften ihn so weich, bis nichts mehr von ihm da war. Er sagte ständig „please" und „thank you", „excuse me" oder „sorry", und er hasste Mali, weil es so ein Kaff ist. Mike fragte: „Wie hältst du es hier eigentlich aus?" Er beobachtete ihn scharf, wie er sich mit mir unterhielt. Mike hatte es nämlich mal auf mich abgesehen und sich zu mir auf einen Kaffee eingeladen. Das war damals, als ich begann, Wasser zu sparen. Er musste aufs Klo, auf dem all die abgeschnittenen mit Meerwasser gefüllten Plastikflaschen herumstanden. Und erst das Waschbecken. Das war von einem Grauschleier überzogen. „Sparst du noch immer beim Wasser?", fragte er. Ich bejahte. „Dann komm mich doch einmal in der Stadt besuchen. Dort kannst du so lange du willst duschen." Er hatte dort ein Penthouse am Meer.

Ein paar Mal im Jahr muss er auf die Insel fahren, weil seine Familie auf Mali Otok daheim ist. Er besuche, sagte er, eine alte Tante. Das war aber nur ein Vorwand. Denn Roko zeigte, was wirklich los war, sagte: „Bis später, um elf." Ich wollte wissen, was später um elf ist. Mike sagte: „Es wird Karten gespielt." – „Ja, was denn? Sauloch, Tarock oder Roemi?" – „Tja, äh, eigentlich nicht. Es gibt da was Besseres. Pokern." Das gefiel mir ganz und gar nicht.

Bald waren alle da, die Zerrissenen, die ihre alte Heimat im Herzen tragen und deren Frauen viel lieber in den Staaten sind, geschweige denn die Kinder, die gar nicht mehr herkommen wollen, es sei denn, sie müssen. Sie denken nämlich, dass auf Mali Otok nichts los ist. Falsch gedacht! Bei uns rinnt der Alkohol in Strömen, und es gibt nirgendwo eine Ausweispflicht. Bei uns kann man sich schon ab dem Volksschulalter volllaufen lassen, weil wo kein Kläger, da kein Richter ist. „Ach", sagten die Erwachsenen, „lasst sie doch trinken! Irgendwo müssen sie es ausprobieren, und hier fahren wenigstens keine Autos herum." So kann man auf der Insel zwar zum Trinker werden, aber an einem Autounfall nach der Disco stirbt man nicht. „Auf Mali wird man auch dann noch rauchen dürfen, wenn es überall sonst schon verboten ist", sagte Stanley und sah mich dabei trotzig an.

Die Insel war nun bevölkert von Leuten, mit denen Stanley was gemeinsam hatte: Familienbande, die Schulzeit, die Lust am Kartenspiel. Ich ahnte, ich würde ihn nicht so bald wieder in die Arme schließen. Er würde fischen, und er würde pokern. Er würde zum Fischen auf das richtige Wetter warten und zum Pokern auf die richtige Runde. Wenn die goldenen Kettchen auf den braun gebrannten Männerbrüsten glänzen, wenn behaarte Arme in gepflegten Händen enden und schlanke Finger Spielkarten halten, dann ist wenig Zeit für andere Zärtlichkeiten. Ich schrieb Stanley ab. Und um dem Blues noch so richtig nachzulegen, legte ich, kaum war ich zu Hause, ein paar alte Platten auf, aus den siebziger Jahren. Adriano Celentano, Paolo Conte,

Enrico Caruso, was Italienisches zum Schmachten, weil der Mensch leiden muss.

Diana ließ mich nicht im Stich. Wenn im Hafen nichts los war, wenn keine attraktiven Leute an Land gingen, kam sie zu mir. Aus dem Weinschrank holten wir uns dann einen schönen roten Tropfen, den tranken wir aus dem schönen Glas. Wollte ich mit Stanley reden, musste ich hinunter in den Hafen. Dort saß er unterm Baum, auf der Bank, in der Bar, sah jeden, der vorbeiging, und wurde von jedem gesehen. Er war selten allein. Meist leistete ihm sein Cousin Daro Gesellschaft, dessen orangefarbiges T-Shirt und dessen weiße Hose jedem entgegenleuchtete. Mike war auch da, und immer mehr Cousins, die aus den Staaten auf der Insel eintrudelten. Mindestens sechs Stunden am Tag saß Stanley, meiner Rechnung nach, am Beobachterposten, um ja nichts zu versäumen. Und das Warten zahlte sich aus. Mitte Juli war die Sechser-Runde komplett, jetzt konnte es so richtig losgehen, mit „Texas Holdem". Sie spielten nun um höhere Einsätze, 30 Dollar Minimum. Mike hatte angeblich darauf bestanden. Da konnte man schon ein paar Hunderter pro Nacht verlieren. „Wie viel hast du verloren, Stanley?" Er antwortete etwas in seinen Bart, der sich in Form von Stoppeln über das Gesicht breitete, seit einigen Tagen hatte er eine Stimme wie ein Besen, ich verstand ihn nicht. In seinen Augen konnte ich auch nichts lesen, er nahm in diesen Tagen seine verspiegelten Sonnenbrillen nie ab.

Dorfhochzeit

Im Morgengrauen hörte ich, wie jemand beim Klettern über die Mauer, die um mein Grundstück führt, kleine Steinchen abtrat. Die Steine rollten, die Steinchen klapperten, wer das wohl war? Dann war Ruhe. Ich hätte aufstehen sollen, aber ich blieb liegen, verfiel in frühmorgendlichen Halbschlaf, bis mich ein Geräusch erneut weckte. Da stand wer vor meinem Haus und schmatzte, zermalmte Gras. Es waren fünf braunweiß gescheckte kleine Ziegen und drei weiße, große. Die einen knabberten gerade die Blüten der Melonen ab, die anderen fraßen den jungen, grünen Paprika. Ihre weißen, langen Geißbärte hingen ins saftige Grün. Ich schrie: „Ihr Biester!", lief die Treppe hinunter und jagte sie fort. Die schwarzen Pupillenschlitze in ihren gelben Augäpfeln sandten gefährliche Blitze. Sie meckerten entrüstet und stoben auseinander. An diesem Morgen hatten sie meinen Gemüsegarten zunichte genagt. Schlangenknoblauch, Süßkartoffeln und koreanischer Ampfer – all meine Raritäten – waren futsch. Aus der Traum vom tollen Garten im Süden. Gegen acht bog der Herr der Ziegen, ein Mann, der mit seinem gelblichen Schnauzbart wie Asterix aussah, um die Ecke. Gegen ihn anzureden war sinnlos, er stellte sich taub. Aber bald kam seine Frau vorbei, eine freundliche Walküre aus Banja Luka. Sie war entsetzt, sie raufte sich die Haare, sie wollte alles wiedergutmachen, aber wie? Sie formte aus ihren Schwabbelarmen ein Schießgewehr. Das richtete sie auf den Ziegenbock und machte „Bumm". Das war zwar gut gemeint, doch ich wollte eine diplomatische Lösung, wofür auf unserer Insel, nach alter Tradition, der Dorfchef zuständig ist. Ich nahm mein Fahrrad und fuhr zu ihm. Er hörte mir zu, doch nur mit halbem Ohr. Er hatte etwas anderes im Kopf. Er bereitete gemeinsam mit seiner Frau die Hochzeit seiner Tochter vor, seit über einem halben Jahr schon. Und wer meint, so eine große Hochzeit könne die Leute von einem Dorf zusammenbringen, der irrt. Diese Hochzeit entzweite die Bevölkerung.

Man hatte zwanzig Lämmer geschlachtet und sechzig Kaninchen erlegt und über hundert Gäste in die Gastwirtschaft im Dorf eingeladen, nur hundert Meter von meinem Schlafzimmer entfernt. Ich hatte eine Packung extra dichte Ohrstöpsel bereitgelegt. Seit Tagen war unser Häuptling mit hochrotem Kopf auf seinem neuen Quad unterwegs und hinterließ den Eindruck, er und nicht die blasse Tochter würde heiraten. Er hatte ein Haus für das junge Paar gebaut, das in New Jersey lebte, wo beide arbeiten, und für die Hochzeitsreise hatte er eine große Jacht gebucht. Das alles kostete sicher keinen Klacks. Aber am Ausmaß der Hochzeit misst man die Stärke der Brieftasche. Zwanzig Auserwählte würden das junge Paar auf der Honeymoonjacht begleiten, allen voran: Roko, ganz klar, Roko, der schon am Stuhl des Dorfchefs sägte. Stanley war nicht dabei, wo er doch einst mit dem Vater der Braut die Schulbank drückte. So fiel das Dorf in zwei Teile, in die „upper class" und in die „underdogs". Die einen waren eingeladen, die anderen nicht. Wir saßen im Hafen herum und konnten die Musik aus dem oberen Dorf hören, so laut spielten sie.

„Spielen wir doch Billard, ein schönes Spiel, very relaxing!" Ich wollte es gerne lernen. Stanley zeigte mir ein paar Tricks. Seine schönen Hände und die Art, wie er beim Stoß eine Braue hochzog: „Oh, James …", und dann sagte er: „Ich glaub, heute gehen wir zu dir." Endlich! Kein Sadomaso auf ausgeleierten Sprungfedermatratzen! Er trug mich in mein kuscheliges Designerbett. So könnte es immer sein! Jeden Tag und jede Nacht! Warum hochzeiten denn nicht auch wir? Dann könnte ich in Frieden auf der Insel alt werden. Ich verlangte Unmögliches, und vor allem: zu viel.

Tags darauf, gegen zwölf, rief Alex an. Auch er gehörte zu den nicht Geladenen und hatte sich eine andere Bewältigungsstrategie ausgedacht. Er hatte am frühen Morgen im Hafen einen Petersfisch ergattert, und der war für zwei Leute zu groß. Er lud uns zum Schmaus. Eine gute Idee! Die beiden Männer gaben den feinen Fisch in einen Topf, ein bisschen Wasser dazu, etwas Salz, eine Zwiebel, drei Karotten, die Ehefrau und ich bereiteten ein Kartoffelpüree und Radicchio-Salat. Wir saßen unter der Weinlaube und aßen den Fisch „al bianco", nur mit etwas Olivenöl und ein bisschen Zitrone. Der Fisch zerfloss auf der Zunge. Und wir waren beim Essen ganz still.

Nicht wegen der Gräten, ein Petersfisch hat fast keine, sondern einfach aus reinem Genuss.

Nur den Hauswein, den sie dazu auftischten, fand ich zu schade für den guten Fisch, ich nahm ein paar Schlückchen und dann rutschte es mir auch schon heraus: „Ich hätte einen besseren Wein mitbringen sollen“. Hätte ich mir die Worte auf der Stelle wieder zurück in den Mund schieben können! Aber so wie sie aus mir herausrutschten, so lagen sie nun am Tisch. Was war nur in mich gefahren? Die Hausfrau hielt kurz den Atem an, die Männer hörten höflich drüber hinweg und tranken die Flasche mit dem sauren Landwein alleine aus.

Die Siesta hielt ich alleine und erst um sieben am Abend wachte ich auf. An diesem Abend spielte die Hochzeitsband im Hafen für das niedere Volk. Es hieß, es sollte ein richtiges Volksfest werden. Ich bildete mir ein, ich würde auf diesem Fest tanzen. Aber hatte er versprochen, dass er mich abholt? Nein! Ich zog das schulterfreie Kleid von Gaultier an, das seit Jahren ungetragen im Kasten ruht, schminkte mich ein bisschen und machte mich auf den Weg. Ich würde ihn bestimmt treffen.

Es war einiges los im Hafen, nur von Stanley war nichts zu sehen. Seine Cousins kamen daher, einer nach dem anderen, fein herausgeputzt mit frisch gebügelten, weißen Hemden und langen dunklen Hosen, ihre Frauen im Blümchenkleid. Sie fragten mich: „Wo ist er?“ Manchmal fragte ich zurück. Und einer sagte: „Ach, der wird sicher heute fischen. Es ist Vollmond.“

Auch das noch. So ein Vollmond auf der Insel ist unerbittlich. Mich machte der Vollmond unruhig. Und ihn melancholisch. Ich setzte mich auf eine Steinbank und schaute den Tänzern zu, wie sie sich über den Asphalt mühten. So unrecht hatte Stanley wohl nicht, hier nicht zu erscheinen. Aber er hätte doch irgendwas sagen können; sagen, wo er ist, wohin er geht. Darüber stritten wir öfter. Er wollte sich treiben lassen und mal schauen, was daraus wird. Ich aber brauchte

Perspektiven, Struktur. Zumindest ein Rahmenprogramm, wenn schon keinen Jahresplan. Ich brütete vor mich hin, es kochte in mir, und wenn man kochend wartet, dann brennt man an. Der helle Vollmond schien so warm, dass mir der Schweiß aus den Poren drang. Schwitzend ging ich im Dorf herum. „Was ist los?“, fragte Tante Sofia und hakte mich unter. „Du gehst jetzt besser nach Haus. Er kann ja nicht weit sein und übermorgen taucht er wieder auf.“

Nach dem Vollmond wechselte das Wetter. Gewitter zogen auf, Stürme fegten über die Insel. Ich holte, wie an all den Tagen, duftendes, noch warmes Brot beim Bäcker. Ich ging zu Fuß und spannte den Regenschirm auf. Ich dachte, was Stanley an so einem kühlen Regentag wohl macht. In seiner schäbigen Bude konnte er die Zeit wohl nicht verbringen. Ich traf Tante Sofia. „Stanley ist immer noch nicht aufgetaucht.“ Da meinte sie: „Mach Frieden. Na, komm schon.“ Ich nahm sie unter den Schirm und brachte sie nach Haus. Dann suchte ich ihn.

Wasser prasselte in Strömen vom Himmel. Schon von weitem sah ich ein blaues T-Shirt, eine weiße Mütze und eine gebeugte Gestalt, die sich eine Zigarette anzündete. Sie saß vor dem Café, unter der Wetterplane. Der Regen hatte alles ausgewaschen, jetzt ließ er nach. Der Platz vor dem Café, der Hafen, die Mole waren menschenleer. Weit und breit war niemand zu sehen. Ich ging auf ihn zu, quer über den großen Platz, achtete dabei auf die Pfützen, im Kopf suchte ich nach Worten. Ich fand keine. Den aufgespannten Schirm hielt ich wie einen Schutzschild vor mir. So näherte ich mich seinem Tisch, ohne ihn dabei anzuschauen. Ich setzte mich neben ihn, atmete einmal tief durch und sagte: „I am sorry.“ Dann schwieg ich. Er legte seine warme Hand auf meinen Arm und ließ sie lange dort liegen.

Der beste Fisch

Für mich ist der **Sanpiero** *oder Petersfisch der beste, weil feinste Fisch der Adria. Er sieht auch urig aus: grau, rund, mit langen Stacheln, großen Augen und einem grimmigen Gesicht. Andere Fische wie Orada, Fratar, Brancin, Arbun, Pagar und Salpa sind ebenfalls ausgezeichnet. Bei ihnen passt alles: der Anteil der Gräten, die Konsistenz und der Geschmack. Diese Fische anders als gekocht zuzubereiten ist in meinen Augen Sünde, sie mit kräftigen Gewürzen zuzubereiten ist falsch. Man putzt sie, nimmt sie aus, schuppt sie ab, lässt sie wegen der Optik im Ganzen, besser aber, man zerteilt sie in Portionen, gibt sie in eine Kasserolle, dazu eine geschälte halbierte Zwiebel, zwei geschälte Knoblauchzehen, Pfeffer, ein paar Stängel Petersilie mit Blättern, Salz, einen Teelöffel Olivenöl, den Saft einer halben Zitrone oder ein paar Spritzer Essig, damit die Haut das Fleisch gut hält. Danach gibt man Wasser drauf und einen Deckel und kocht, bis sich das Fleisch vom Wirbelknochen löst. Das sind nicht mehr als fünf Minuten. Danach wird die Flamme abgedreht, der Deckel bleibt drauf, der Fisch kann nachdünsten.*

Die klare Fischbrühe wird mit Reis vorweg gegessen. Sie ist gehaltvoller, wenn man den Fisch länger kocht, was jedoch zum Verlust des Fischgeschmacks und seiner Konsistenz führt. Deshalb soll man sich, hat man einmal ein grandioses Qualitätsexemplar im Topf, für den Fisch entscheiden. Der klaren Suppe hilft man ein wenig nach.

Für sechs Personen genügen zwei Handvoll Reis. Man schwitzt eine halbe klein geschnittene Zwiebel und zwei Knoblauchzehen in Olivenöl an und gibt dazu den Reis, etwas Salz und Pfeffer und 1-2 Suppenlöffel Tomatenmark. Wenn man die Flamme unterm Fisch-Topf abgedreht hat, nimmt man ein paar Schöpfer Fischbrühe heraus und gießt den Reis damit auf. Es dauert circa zwanzig Minuten, bis die Fischbrühe mit Reis fertig ist. In dieser Zeit muss man immer wieder rühren und mit Fischbrühe aufgießen. Kurz vor dem Anrichten gibt man eine Handvoll gehackte Petersilie hinzu.

Zu gekochtem Fisch passen gekochte Kartoffeln, Blitve oder auch feine, gekochte Gemüse. Den Fisch würzt jeder selbst nach: mit Pfeffer, Zitronensaft und Olivenöl. Diese Zutaten sind zurückhaltend und verfeinern den Geschmack.

Ob man dazu Weißwein trinkt oder Roten, ist individuell verschieden. Man misst in Dalmatien dem Wein keine allzu große Bedeutung bei. Man nimmt den, den man hat.

Fisch übrigens, auch den besten, zerteilt man mit einer Gabel und einem Stück Brot. Man isst ihn mit der Hand. So kann man die Gräten schon fühlen, bevor sie in den Mund kommen.

Gegrillte Sardinen

Er lud mich und meine Gäste zum Sardinenessen ein. Er hatte sieben Kilo Sardinen. Sieben Kilo! Was will ein einziger Mann mit sieben Kilo Sardinen? Nun, er wollte sie grillen. Er würde anrufen, wann sie fertig sind. Wann das genau sein würde? Das konnte er leider nicht sagen, um sechs, um sieben oder zehn. Ich hatte Gäste im Haus und für den Abend ein Spaghetti-Essen vorbereitet. Mit mildem Rotwein, buntem Salat und ein paar Gelsen zaubert man damit den Süden auf den Tisch. Wir hatten Hunger und machten uns ans Spaghettischmausen. Wer kann schon wissen, wann und ob es überhaupt die Sardinen gibt. Gegen zehn war es so weit, und wir wanderten zum Strand. Dort fanden wir Stanley am Boden hocken. Er grillte Sardinen nach Inselart: in einem Loch auf einem alten Grillgitter. Zwei alte Töpfe standen neben ihm, einer mit den frischen Sardinen, einer mit den gegrillten.

Wir machten es uns am Boden auf alten Zeitungen gemütlich und steckten höflich einen Fisch nach dem anderen in den Mund. Stanley hatte die Viecher nur in Meerwasser gewaschen und weder den Kopf noch den Schwanz, noch das Innere entfernt. Er zeigte uns, wie man diese Sardinen isst, nach „Fischerart“: Man hält sie in beiden Händen am Schwanz und am Kopf und nagt sie in der Mitte rundherum ab. Den Rest wirft man ins Gras. Ich dachte, am besten wirft man gleich den ganzen Fisch weg. Aber wie? Meine Freundin dachte wohl dasselbe und hatte eine Methode gefunden. Sie nahm den Fisch in ihre hohle Hand, führte den Arm hinter ihren Rücken und ließ die Beute fallen. Wir tranken Dosenbier dazu, denn Fettes muss schwimmen. Das tat niemandem gut.

Der Berg nicht verspeister Tiere wuchs und wuchs, doch Stanley grillte unbeirrt weiter. Mit der Linken drehte er die Tiere am Rost um, mit der Rechten hielt er die Zigarette. Nach einer guten Stunde kamen die Kartenbrüder. Sie blieben stehen und schauten von oben herab auf uns nieder, nur Roko setzte sich zu uns auf den Boden und griff tapfer zu. Nach ein paar Minuten sprang er wieder auf, er musste mit Stanley etwas besprechen. Es ging um Geld. Roko kannte am Festland einen Einheimischen, der auf einen steigenden Dollar spekulierte und deshalb einen höheren Wechselkurs zahlte. Und nachdem er ohnehin morgen mit Mike in dessen Motorjacht in die Stadt düsen wollte, sollte Stanley ihm die Dollars zum Wechseln mitgeben. Er hatte sie offenbar auf der Insel im Sparstrumpf, im roten Koffer. Und wohin sollte er sie ihm bringen, die Dollars? „Na, zu uns. Weißt eh.“

Die Kumpels standen noch immer in der Gegend herum und traten von einem Fuß auf den anderen. Daros orangefarbenes T-Shirt leuchtete im Dunkeln, er war besonders ungeduldig. Er rief: „Ich geh schon vor.“ Daro machte immer Druck. Doch Stanley antwortete: „Ich komme heute nicht. Ich sehe euch morgen.“ Er stand auf und brachte einen Berg gegrillter Sardinen hinüber in die Bar. Dort durften sich die Gäste gratis bedienen.

Wir machten auch noch einen Teller mit Fischen voll und setzten uns an den einzig freien Tisch. Wir saßen auf weißen Plastiksesseln und bestellten eine Flasche Rotwein, Marke egal, aber warm wie üblich, einen Kübel Eiswürfel gratis dazu. Ein junger Mann vom Nebentisch kam mit uns ins Gespräch. Er hatte seinen gut bezahlten Sechzig-Stunden-Job in New York als Maler und Anstreicher aufgegeben und gegen eine unregelmäßige Beschäftigung in derselben Branche in Veli Otok eingetauscht. In diesem Job arbeitete er aber nur, wenn er Lust dazu hatte. Er sagte: „Jetzt habe ich endlich Zeit zum Jagen, Tauchen und Fischen." Ohne Sauerstoffflasche kommt er bis zu dreißig Meter tief hinunter. Wie es unten aussieht, hier in unserer Gegend, das wusste er genau: Wenn er an einer bestimmten Stelle am Grund ein Loch findet, ist darin ein Fisch, der dort wohnt. Dem lauert er auf, immer wieder, um ihn eines Tages zu harpunieren. Was er nicht alles schon gefangen hatte, in diesem Sommer! Uns gingen die Augen über. Er sagte: „Die ganze Adria wird schon leer gefischt sein, aber ich werde unten in einem Loch immer noch einen großen Fisch finden." Was er mit den Fischen macht? Verkaufen? Aber nein, das tun die wirklich großen Fischer nicht. Er bringt den Fisch in ein Restaurant, dort wird er zubereitet. Er zahlt nur für die Getränke und den Service und alles ist anscheinend eine Ehre für den Wirt.

Wir luden ihn auf ein Gläschen ein. Seine technischen Ausführungen über das Tauchen interessierten unsere männlichen Begleiter aus Österreich. Bald wimmelte es am Tisch nur so von Haien und Riesenschildkröten aus allen Meeren der Welt. Ich fühlte mich wie am Jägerstammtisch in meiner alten Heimat und nicht gerade in das Thema eingebunden, meine Freundinnen und ich, wir wollten heim. Aber das ging nicht. Die erste Flasche Wein war noch nicht leer getrunken, da stand schon eine zweite am Tisch. Und die war längst vom adriatischen Unterwasserhelden bezahlt. Lädst du mich ein, lade ich dich ein. Da lacht der Wirt. So kann man bis zum Morgen sitzen und trinken. Es war schon drei Uhr, es wurde vier, bald ist Zeit zum Joggen. Stanley stand auf und machte den Grillplatz sauber. Danach gingen wir heim in unsere Bettchen. Am Morgen fühlten sich alle wie gerädert. Es fand kein Laufen, kein Schwimmen statt, nur ein Gerangel um Eiswürfel, die die Köpfe kühlten.

Wir lagen herum wie die toten Fliegen, kraftlos, nicht einmal lesen war möglich. Mein Innerstes war mit dem Verdauen der Nacht beschäftigt. Irgendwann kam Diana vorbei und holte mich zum Spazieren ab. Wir gingen hinunter in den Hafen. Dort saß Stanley unter dem Baum auf der Bank. Er löste sich aus dem Schatten und begleitete uns ein Stückchen.

Hatte Roko die Geldgeschäfte erledigt? „Aber nein!" Und wie hatte Stanley den Tag verbracht, den Tag nach der Sardinen-Orgie? Er war gar nicht schlafen gegangen und hatte auf Roko gewartet. Der hatte doch gesagt, er wolle ihn in die Stadt mitnehmen. Doch Roko fuhr weg, ohne ihn, sagte: „Bin gleich wieder da. See you later." So saß er mal hier oder mal dort, mal bei Adriano und mal bei Niko, trank hier Tee und dort Bier und umgekehrt. Einmal raffte er sich sogar dazu auf, ein Sandwich zu vertilgen. Er wartete bis zum Abend, erst dann kam Roko zurück. Er hatte ihn einfach sitzen lassen. „Und das macht dir nichts aus?" Er sagte: „Nöööööö. Ich bin ja nicht der Einzige hier, den Roko warten lässt. Warten macht mir nichts aus, ich habe ja sonst nichts zu tun."

Meine Gäste und ich verbrachten den Tag damit, den Brand in unseren Eingeweiden mit Wasser zu löschen. Es war schwül, Wind kam auf, Nordwind, eine herrliche, erfrischende Brise. Sie blies die Gelsen weg. An diesem Abend behielten wir unser Badezeug an und legten uns auf die Teakholzliegen. Der Wind strich um unsere Körper, wir löschten die Lichter, nur die Sterne standen am Himmel, und der Mond, sichelförmig, hatte einen Hof. Ein jeder nahm sein Liebstes in den Arm. Ich streichelte das dreifärbige Kätzchen, das uns zugelaufen war. Eine Gestalt drückte sich die Hauswand entlang, Stanley. Er wollte nur Gute Nacht sagen und gleich wieder gehen. Doch dann blieb er, zog sich sein Hemd aus, legte den Hut ab und ein paar Sorgen. Seine Haut war so dunkel wie die Nacht, meine war viel heller. Fledermäuse segelten dicht über unseren Köpfen. Sie hatten es sich, bald nachdem die Schwalben ausgeflogen waren, im Dachfirst gemütlich gemacht. Ein Freund sagte: „Was ist das nur für ein herrliches Leben, auch wenn wir statt Champagner nur kühles Wasser trinken."

Können Sie chillen?

Das Haus gehörte nicht mehr mir, sondern allen, den Freunden, den Kindern. Ab zwölf Uhr Mittag gab es Frühstück, bis sechzehn Uhr. Dann sperrte ich die Küche zu, weil immer noch einer auf der Suche nach Essbarem durch die Räume irrte, etwas fand, Brösel verstreute und so viel Käse oder Schinken aß, dass ihm am Abend der Appetit fehlte. Das Abendessen bereiteten wir ab sieben gemeinsam vor. Das gemeinsame Abendessen brachte Familie und Freunde zusammen an einen Tisch. Sohn eins hatte seine Freundin mit, Sohn zwei erwartete seine neue Freundin in ein paar Tagen. Davor wollte er noch ordentlich auf den Putz hauen und nichts tun, er nannte das „chillen". Ich wollte wissen, was „chillen" bedeutet. Er sagte: „Eigentlich abkühlen." Ich verstand. Wenn der Motor tagsüber auf tausend Touren rennt, kann man danach weder ruhen noch relaxen. Man chillt. Chillen entspricht dem Lifestyle der jungen, urbanen Generation. Es gelang mir nicht, mich diesem Lifestyle anzupassen.

Ich ging nicht mehr schlafen, wann ich wollte, ich stand nicht mehr auf, wann es mir guttat, ich aß erst dann, wann die anderen Hunger hatten, und zum Tagebuchschreiben kam ich auch nicht. Aber das macht nichts, wenn es nur drei Wochen dauert und das Ende absehbar ist. „Ich tu mir so etwas gar nicht an", sagte Stanley, „ist viel zu viel Anstrengung."

Die Mitbringsel der Chill-Generation waren immer dieselben: Wodka, Gin, Tonic und viel Musik. Der Tag fing um Mitternacht an:

Bis vier Uhr morgens gingen sie aus, schliefen bis zum nächsten Nachmittag, das war für die jungen Leute Erholung. Dazwischen spielten sie Basketball oder Volleyball und zogen eine vier Meter lange Banane aus Kunststoff hinter dem Motorboot her, das sie gechartert hatten. Einer drehte einen Film über die Insel und ich dachte, er würde Aufnahmen von verträumten Buchten, vom Sonnenaufgang, alten Omas und Babys beim Schwimmen machen. Er filmte ausschließlich junge Leute, Partys und Wasserskifahrten. Ein anderer beschäftigte sich als Makro-Fotograf und studierte mit seinen speziellen Linsen die Welt der Insekten. Er fotografierte Gelsen beim Stechen, Zikaden beim Schlüpfen, Schnecken beim Kriechen. Diese Welt bannte er dann abends auf den Laptop. Am ruhigsten war der Philosophiestudent. Er saß gerne im Schatten und dachte über seine Zukunft nach. Er würde in einem Monat ein Stipendienjahr in Berkeley antreten. Dort sollte er etwas schreiben, einfach so. Was ihm einfiel. Er sagte: „Davor fürchte ich mich. Stellt euch vor, ich habe unbegrenzt Zeit zum Denken und Schreiben zur Verfügung. Ich habe Angst, zu verlottern." „Verlottern", das war das richtige Wort. Was „verlottern" wohl auf Englisch heißt? „Wenn du so weitermachst, wirst du verlottern", sage ich zu Stanley. Oder besser nicht. Wahrscheinlich kommt es nicht rüber, das treffende Wort.

Er saß nur noch in der Bar herum. Wegen der Bora, die schon seit drei Tagen blies, fuhr er nicht zum Fischen hinaus. Die andern auch nicht. Dafür spielten sie Karten von früh bis spät. Irgendwo sitzt immer eine Kartenrunde auf Mali Otok, am Tag und bei Nacht. Dass sich die Kartenspieler beim Spielen entspannten, dass es ihre Art zu chillen war, ihre Art zu joggen, kam mir nicht in den Sinn. Ich hielt eben Yoga für was Anständigeres als Pokern. Stanley war wie weggetreten, er schwebte in einer anderen Dimension.

Meinen Laptop nahm ich mit ins Bett und überließ mein Arbeitszimmer den Kids. Sie mussten dauernd an ihre wichtigen E-Mails ran,

Programme installieren und Fotos auf CDs brennen. „Was würden Sie auf eine Insel mitnehmen?" – „Den Laptop", rief einer spontan. Er hat ihn auf der ganzen Welt mit. Ach, die globale Jugend. Wo immer sie auch sind, immer sind sie mit allem verbunden und doch zu nichts verpflichtet.

Der Schreibtisch war voller Kabel, Mäuse und ausgedruckter Texte, nur meine waren nicht dabei. Sie hätten in der Stadt so viel gearbeitet, in letzter Zeit, sagten die Jungs, dass sie sich das Chillen wahrlich verdient hätten. Deshalb kamen sie in den ersten Nächten morgens schon um drei nach Haus, statt um fünf. Beim Ganztagesfrühstück erzählten sie dann, was sie in der Nacht erlebt hatten, meistens nichts. Einmal habe sie Roko gegen ein Uhr früh, als sie gerade gehen wollten, noch eingeladen und ihnen von seinen tollen Plänen erzählt. Davon, dass er im nächsten Jahr in Pension gehen werde, nämlich mit fünfzig, davon, dass er in New York alles verkaufen werde und nach Mali übersiedeln, um sich hier eine neue Existenz aufzubauen. Dass sein Sohn, Roko II, lieber im Big Apple bleiben will, weil er die Kalamari-Inseln als den Arsch der Welt empfindet, das machte ihn unglücklich. Deshalb hatte er nächtens die Inseljugend ersucht, Roko II die Vorzüge von Mali & Co schmackhaft zu machen. Es gäbe hier doch genug zu tun, auch für die Jungen. „Oh, ja", dachte ich. „Kartenspielen." Denn wo hatte Roko zuvor gesteckt, in dieser Nacht? Natürlich mit Stanley, Mike und Daro und ein paar Kibitzen im Hinterzimmer von Adrianos Lokal.

Wie viel Geld er schon beim Spielen verloren oder gewonnen hatte? Stanley nannte mir lächerliche Summen, die ich ihm nicht glaubte. Dazu kamen die Zigaretten, der Alkohol. In den letzten zehn Tagen hat der Gute zweitausend Dollars verbraucht. Tante Sofia sagte: „Er hat sie beim Fenster hinausgeworfen." Ich durfte sie Tante nennen, weil sie mich vor einiger Zeit adoptierte. Sie meinte, da ich nun schon so lange auf Mali Otok bin und Stanley keine Anstalten mache, täte es mir gut, mich an die Familie mittels Adoption anzuschließen. Sie sagte: „Du bist jetzt eine von uns, und damit hat sich´s“.

Vor dem Chillen gab es die Chill-Aufwärmphase: Die Jungs machten ein großes Feuer im Kamin, die Mädchen richteten die Hühner her, das Lamm oder den Fisch und das Gemüse. Alles würde unter der Peka dünsten. Sie deckten schön auf und einer öffnete die Flaschen mit dem Wein aus Österreich. Wir waren eine erfreulich kultivierte Runde. In ihr trank man den Wein aus dem passenden Glas.

Der Philosoph saß mitten im Gras, nahe der Terrasse. Er nahm Fische aus und schuppte sie ab. Fein säuberlich fielen die schimmernden Schuppen auf den Boden und bildeten Zufallsmuster. Der Fotograf suchte sich besonders attraktive Schuppenmotive aus und fotografierte sie von allen Seiten mit dem Makroobjektiv. Die fünf dünnen Müllsäcke voller Knochen und Grillreste interessierten ihn weniger. Die Jungs hatten sie vor dem Haus, wohl für die Ameisen, stehen lassen. Dennoch wurde es ein schöner Abend, an dem mir nur ein Mann fehlte, einer der neben mir sitzt und mit mir Händchen hält im Kreise der Familie. Doch seine Händchen hielten Spielkarten.

Nach einer Aufwärmwoche drehten sie den ultimativen Insel-Film. Die Hobbyschauspielerinnen und Schauspieler trugen coole Sonnenbrillen auf den Nasen, bewegten sich im Zeitlupentempo und schnitten Grimassen. Ich hätte auch gerne mitgespielt. „Habt ihr eine Rolle für mich?“ Der Regisseur sagte: „Leider nein. Es geht nämlich um „fun“ in diesem Film, und das können nur Menschen spielen, die unter dreißig sind.“

Sie hatten ein paar Leute eingeladen. „Aber wolltet ihr die Party nicht erst nächste Woche machen?“, fragte ich. Sie klärten mich auf. Nächste Woche würde die große, die echte Party mit fünfzig geladenen Gästen stattfinden, das heute wäre eine Art Generalprobe, völlig vernachlässigbar. „Soll ich beim Vorbereiten helfen?“ – „Nein, danke. Wir machen alles selber. Wir wissen schon selbst, was wir tun.“

Ich zog mich an ein nettes Plätzchen zurück. Alle halben Stunden schaute ich mal in die Küche, auf die Terrasse, vor das Haus. Es war schon neun Uhr am Abend. Da lagen immer noch Luftmatratzen, Flossen, Taucherbrillen, feuchte Badetücher und Surfsegel herum. Und es gab kein Trinkwasser im Kühlschrank, außer einer einzigen Ein-Liter-Wasserflasche. Die schnappte ich und brachte sie in mein Zimmer. Ich steckte meine Zahnbürste in die Tasche und ging für eine Nacht auf Quartiersuche. Diana bot mir ihre Terrasse an, Stanley seine stickige Bude! Ich hätte das Terrassenangebot annehmen sollen. Ich kam auf einer wild gewordenen Sprungfeder zu liegen. Stanley schlief selig daneben, er kannte die Tücken des mütterlichen Bettes genau. Um vier Uhr früh holte ich meine Zahnbürste aus dem Badezimmer und ging wieder heim, die Party war noch in vollem Gange. Ich schlich in den ersten Stock, sah die Gestalt, die vor meiner Zimmertür hockte: Ein Monster! Es hatte an der Oberlippe einen Cut, die Lippe war rot und stark angeschwollen. Es sagte: „Bitte Eiswürfel auflegen!“ Wie süß das klang, weil mich endlich einer brauchte.

Am Morgen waren die Ersten schon um acht auf der Terrasse. Sie ächzten: „Wasser.“ Zwei schleppten sich zum Kaufhaus. Unser Zisternenwasser war schon lange nicht mehr trinkbar, weil es verschmutzt war. Die Mädchen bereiteten ein Katerfrühstück zu. Mit Eiern, Speck und sauren Sachen. Am Nachmittag verzogen sich alle zum Schlafen in ihre Zimmer. Ich war zufrieden: Endlich schlafen sie sich aus! Da hatte ich mich aber geirrt. Rechtzeitig, abends gegen zehn, krochen sie wieder aus den Betten, verspeisten die Reste von allem, was im Kühlschrank war, parfümierten sich und brachen ins Ungewisse auf.

Täglich kamen neue Leute, der Strand war nun die Kopie eines städtischen Freibads. Darauf hatten die Einheimischen ein Jahr lang gewartet, allen voran Violetta. Sie hatte all ihre Schafe verkauft und musste sich nun um niemanden mehr kümmern. Sie trug das touristische Strandgut vom Vorjahr: einen großen Sonnenhut und eine riesige

Greta-Garbo-Sonnenbrille. Ihr schwarzes Klot-Badekleid sah aus, als stammte es aus dem neunzehnten Jahrhundert. Damit stand sie bis zu den Knien im Wasser und quatschte jeden an. Die Einheimischen redeten ja nicht mit ihr, sie war eine Zugereiste, eine Verrückte. Zum Trocknen setzte sie sich auf eine abgebrochene Betonplatte, die einfach niemand wegräumt. Ein Glatzkopf mit weißem Schnauzbart fuhr mit einem kleinen Wagen herum und verkaufte Popcorn. Der Müll in den Tonnen quoll über, und auf dem Wasser bildete sich Algenschaum.

Sugo, Buzara & Co
Spaghetti mit Muscheln/Meeresfrüchten

Man kann alle Muscheln und Krustentiere, die man aus dem sauberen Wasser rund um die Inseln holt, essen. Nur die Steinbohrer-Muscheln sind geschützt. Es sind lange, schlanke, gerade gewachsene Muscheln, die sich in die Felsen hineinbohren und dort festhalten, weshalb man sie aus den Felsen herausklopfte. Danach kamen die Muschelräuber mit ihrem Dynamit und machten den Muscheln und den Felsen den Garaus. Deshalb ist die Ernte dieser Muscheln verboten.

Muscheln, die in Kolonien auf Steinen wachsen oder sich an Felsen festhalten, haben einen großen Vorteil gegenüber jenen, die sich im Sand eingraben: Sie enthalten keinen Sand. Muscheln, die man im Sand findet, müssen gereinigt werden. Das ist oft mühsam.

Die besten Adriamuscheln sind die hellbraunen „datteri d mare", die Meeresdatteln. Fein im Geschmack, zart im Fleisch liegen sie im Ranking weit vor den Miesmuscheln. Ausgezeichnet sind auch die Jakobsmuscheln. Sie gibt es wie die Austern wild, aber sie sind selten und werden wie die Austern auch in Dalmatien gezüchtet. Diese Muscheln kann man alle roh essen, und man tut es auch. Einfach so! Hat man eine milde, ungespritzte Inselzitrone im Gepäck, schmecken sie roh umso besser.

Man öffnet die Schalen und schlürft die Muscheln, selbstverständlich lebendig, aus.

„Sugo", also Saft für Nudelgerichte, bereitet man aus Muscheln, die roh nicht so gut schmecken oder zu klein sind. Dazu gehören die kleinen, kegelförmigen Muscheln, die gerne auf Steinen kleben. Man nimmt ein spitzes Gemüsemesser und löst sie vom Stein ab. Das ist eine nette Beschäftigung auf einem Strandspaziergang, an einem unverschmutzten Strand.

Den „sugo" macht man nach eigenem Rezept. Im Grunde ist es immer dasselbe: Zwiebel, Knoblauch fein hacken und in Olivenöl anschwitzen, Muscheln dazu, etwas Tomatenmark, mit Wein oder Suppe oder Wasser aufgießen, köcheln lassen, eindicken.

Es eignen sich auch kleine Krustentiere, wie z. B. kleinere Seespinnen und Krebse, zum Dünsten. Hier experimentiere ich gerne mit Gewürzen. Lorbeer eignet sich ausgezeichnet zu Fisch, gemeinsam mit Safran. Verwende ich Zitronenverbenen und Zitronengras, die in meinem Garten wachsen, dann würze ich auch mit Chili.

All diese „Sughi", mit kleineren oder größeren Meerestieren, sind ausgezeichnet zu Nudeln, seien es Spaghetti, Spaghettini, Tagliatelle oder andere Bandnudeln. Und Nudelgerichte sind das Um und Auf der adriatischen Sommerküche im Hotel „Mama".

Krustentiere „im Saft", in Weißwein gedünstet, heißen hierzulande nach „Buzara" Art, wenn man dem Saft viel Knoblauch und Petersilie sowie das weiche Innere von Weißbrot beigibt, das den Saft etwas eindickt. „Buzara" kann rot sein, wenn man dem Saft Tomatenmark beigibt, aber auch weiß, wenn nur mit dem Meerestier-Fond und Wein aufgegossen wird. Manche geben als Gewürze neben Knoblauch und Petersilie auch Lorbeerblatt und Rosmarin bei.

Wichtig in der dalmatinischen Küche ist die Petersilie, die einmal mitgekocht, ein zweites Mal jedoch vor dem Anrichten über das Gericht gestreut wird.

Das große Fest

Wasser, Klopapier und Brot, alles war ausgegangen. Die leeren Bierflaschen häuften sich vor der Küche. Dafür hatte sich die Bora gelegt. Die Jungs wollten schon lange mal im Schlauchboot mit Freunden nach Veli zischen und ließen mich für ein paar Stündchen alleine zurück. Ich räumte die Küche auf, trug die Flaschen und den Müll zum Sammelplatz und steckte die Bettwäsche in die Maschine. Mali Otok steuerte auf das größte Fest des Jahres zu, auf die Party für Jung und Alt, auf den Höhepunkt eines dionysischen Kults, der im Mittelmeerraum seinen Ursprung hat und zum Leben gehört, so wie Fleisch und Blut. „Vela Gospa", „Maria Empfängnis", ist als Fest ein Magnet für die Bewohner aller umliegenden Inseln. Von weit her würden sie zu uns herüberkommen, aus Veli Otok sowieso, in dieser Nacht. Auch die Italiener lassen sich in diesen Tagen verstärkt bei uns blicken. „Ferragosto" heißt dort das antike Bacchanal.

„Wie lange bleiben Sie?" Das würde ein Pensionsinhaber seinen Gast fragen, der Ordnung halber. „Für wie viele Personen und wann möchten Sie den Tisch bestellen?", fragt der Restaurantbesitzer, bestellt man bei ihm vor. In der Ferienpension „Mama" ist das anders. Eine Mama kann nichts tun, als dabei zusehen, wie die Kids in den Tag hinein chillen, oder sie muss lästig werden. Vor allem dann, wenn die „Ferienpension Mama" auf einer Insel ist, auf der es auch im Hochsommer im Kaufhaus nur das Wichtigste zu kaufen gibt. Brandy, Zigaretten, Bananen und Brot für die Basis. Einkäufe am Festland sind zu organisieren, Bettwäsche ist zu waschen. „Wie lange bleibt ihr?" – „Keine Ahnung." –„Und wer kommt noch?" – „Wir wissen es selbst nicht." Diese Insel war verflucht, alle hatten sich schon angesteckt mit dem planlosen Alltag. „Kaum gehen wir auf Mali an Land", sagten die jungen Leute, „fällt jede Verpflichtung von uns ab." Doch kaum waren sie an Land, fing bei mir die Verpflichtung an. „Tu dir doch nichts an,

Mama", sagen sie dann. „Wir machen das schon." Aufräumen, einkaufen, kochen. Sie hatten dabei weder ein Konzept noch einen Stundenplan. Was mir nicht neu war. Ja, das kannte ich doch schon! Von jemandem, der bald sechzig wurde. No planning! No bossing! Auf Mali Otok wurde jeder Mann zum Kind – und jede Frau zur Mama.

Egal wann immer auch sie vor diesem Termin ankamen: am 15. August waren alle da. Der 15. August ist ein Muss. Alle feiern, eine jede Gruppe auf ihre Art, und wer nicht teilnehmen will, hat nur eine Wahl: Er muss aus Mali Otok flüchten.

Das heidnische Fest der katholischen Jungfrau beginnt in der großen Pfarrkirche um zehn. Ich machte mich hübsch, zog ein langes, weißes Leinenkleid an, legte mir ein buntes Tuch um die nackten Schultern, wegen der kritischen Augen der Damen und wegen dem Luftzug. Alle Tore der Kirche standen offen, jeder Platz war besetzt und die Leute drängten sich sogar am Stehplatz. Sie waren alle fein herausgemacht, ein paar Frauen trugen sogar lange Abendkleider und dicke Goldketten um den Hals. Irgendwo sah ich eine Nerzstola. Die Männer trugen dunkle Hosen und weiße Hemden und am Handgelenk eine Rolex oder eine andere, metallisch glänzende Uhr, die wie eine Rolex aussah. Sie waren frisch rasiert und geschnäuzt. Kleine Mädchen in rosa Kleidchen, kleine Jungs im Matrosenanzug spielten Fangen vor dem Kirchentor. Dort stand auch der Dorfchef in seiner feschen Tracht, einem blauen Wams mit Silberknöpfen und einem bestickten Hemd mit weiten Ärmeln. Ein perfekter Auftakt zu einem Fest.

Stanley kam nicht. Er hatte es sich wohl anders überlegt. Vielleicht passten ihm die geschlossenen Schuhe nicht, nachdem er seit zehn Wochen in weichen Gummischlapfen ging. Er wollte, wenn ich mich richtig erinnerte, den ganzen Sommer über keine Schuhe anziehen. Aber es konnte auch einen anderen Grund geben. Der Inselchef hatte ihm unlängst seine Pfoten auf die Schultern gelegt und ihm tief in die Augen geblickt. „Hab dich heuer noch nie in der Kirche gesehen", hatte er gebrummt, nicht ohne eine gewisse Schärfe. Aber das konnte ich nur vermuten. Dafür hatte Mike auf der Empore einen Stehplatz ergattert. Ich schielte manchmal zu ihm hinauf, wenn Kirchenlieder angestimmt wurden. Der Kirchenchor, bestehend aus einer aktiven und drei pensionierten Klosterschwestern, hatte Verstärkung von zwei Lehrerinnen aus der Stadt bekommen. Mike hielt die Augen geschlossen, und er sang mit Inbrunst. Er liebt diese alten dalmatinischen Lieder, und er liebt Feste.

Der Mesner machte die Runde mit dem Sammelkorb, während der Chor der Menschen das Vaterunser betete. Das Kirchenschiff füllte sich mit den Glaubensworten, der Korb mit Dollarscheinen. Ich legte demonstrativ einen Euro-Fünfziger oben drauf, weil die Adria immer noch zu Europa gehört und nicht zu den USA, auch wenn die 13 Kalamari-Inseln im Sommer zu Kalamari-Islands werden. Danach feierten die Sünder das Abendmahl, allen voran schleppte sich Roko zum Altar. Stammt Roko nicht aus einer Familie, die sich erfolgreich mit den Kommunisten arrangierte? Aber Roko will ja in die Politik und muss sich den Wählern zeigen.

Vor dem Kirchentor wurlte es vor lauter Menschen. Viele junge Leute, die vermutlich die Nacht davor schon durchgemacht hatten, standen nun, adrett gekleidet, in Trauben am Kirchplatz. Überall bildeten sich Trauben bestehend aus Cousins und Cousinen. Die alten Frauen waren, wie immer schmucklos und in Schwarz, die weniger alten kamen im Blümchenmuster, die amerikanischen Ladies in hellblau und rosa und frisch blondiert. Ein paar fielen mir auf. Sie hatten so laute und tiefe Stimmen, trugen falsche Busen und hautenge Tütenkleider. Ihre Haare waren zu Türmen auftoupiert. Sie rauchten wie Lokomotiven. Ich hatte diese Damen oder Herren zuvor noch nie auf Mali gesehen. Vielleicht waren sie aus der Stadt gekommen, so wie Mike. Er schwitzte und die Füße taten ihm weh vom Stehen. Er kam auf mich zu und stöhnte: „Drüben bei John gibt es eine Cocktailparty. Gehst du mit?“ – „Ja, gern.“ Stanley hatte mich noch nie zu so einer

Party geführt. Ich wusste ja gar nicht, dass es Cocktailpartys auf dieser Insel gibt! Was war mir bisher nicht alles entgangen!

In einem alten Landhaus, das hübsch renoviert war, traf sich die Insel-Hautevolee, bei Small Talk, Wein und Rakija, Würstchen, gebackenen Mäusen und Oliven. Die gebackenen Mäuse heißen Krostule hier und die Oliven schmecken wunderbar. Sie werden im Ofen gegart und danach in Meersalz gelagert. Mike sagte, dass man hier bis spätestens um zwölf Uhr bleibt und danach zu seiner Familie zum Essen geht. Die Omas und die Mütter waren schon seit Tagen mit dem Vorbereiten des Festmahls beschäftigt gewesen und wünschten die Großfamilie um sich. Mike sagte, jedes Jahr fürchte er sich schon vor diesem Essen, weil in seiner Familie eigentlich alle zerstritten sind. Die sitzen dann an einem Tisch und tun so, als wäre alles in Ordnung. Ihm könne der adriatische Familiensinn gestohlen bleiben. Ein Musikant spielte auf seiner Harmonika, die Partygäste schwatzten, Mike schwatzte mit mir, und als sich die Szene gegen zwölf Uhr leerte, ging auch ich nach Hause, wo keiner ein Festmahl kochte. Die jungen Leute waren gerade aus den Federn gekrochen.

Wie schön war es im Vorjahr gewesen. Stanley hatte am Vorabend mit mir getanzt, hatte mich zum Essen zu Tante Sofia mitgenommen, mich der Familie vorgestellt. Er hatte auch am Nachmittag mit mir getanzt, in der brütenden Hitze am Dorfplatz. Er tanzte, wie die meisten hier, gut. An jenem Abend vor einem Jahr hatten wir uns näher kennen gelernt. In diesem Jahr kannten wir uns schon ein bisschen besser. In diesem Jahr hatte er keine Lust zum Tanzen.

Dann tanze ich eben mit Mike, der hatte angedeutet, dass er dazu mehr als bereit war. Abends zog ich das rote Kleid an, das aus Indien, und ging in den Hafen. In diesem Jahr hatten sie den Tanzboden dort aufgebaut. Nach dem Lärm zu schließen, war schon allerhand los. Stanley stand hinter dem Mann mit dem Synthesizer. Er winkte zu mir herüber und sagte: „Ich möchte ein Eis, einen Rachenkühler.

Willst du auch eins?" Gern, und warum war er nicht in der Kirche gewesen, wo er doch am Abend zuvor alles dafür schon aus dem Koffer gezogen hatte: das Hemd und die lange Hose, die Schuhe? Er sagte, er habe Kopfweh gehabt, am Morgen. „Und was hast du dann den Rest des Tages gemacht?" Er sagte: „Nichts." Er sei unterm Baum gesessen, sei von hier nach drüben gegangen und von drüben wieder her. Ich sagte: „Schade. Du hast die Cocktailparty versäumt." – „Ach ja?" Natürlich war sie nicht wichtig, nichts ist wichtig, was nicht essenziell ist, Partys sind Quatsch, so wie Small Talk. Er hakte mich unter, schob mich an Mike vorbei, der zwischen seiner Tante und der Schwester eingequetscht war und verzweifelt zu uns herüberblickte. Er schob mich in den Schatten. Er sagte: „Das Tanzen können wir Roko überlassen." Der tanzte unermüdlich, mit den Jungen, mit den Alten und sogar mit den Lahmen. Ich hätte auch gern mit ihm getanzt, mit meinem Busen in seiner Augenhöhe. Stanley sagte: „Der wird noch mal ein wichtiger Inselmann werden." Ein Mann verfolgt sein Ziel konsequent. Bei Roko war es klar, doch wohin wollte Stanley?

In der Strandbar startete eine Boogieparty. Die verbrachten wir in der Hollywoodschaukel. Es heißt, an Maria Empfängnis muss man durchmachen. Bis acht Uhr früh hält man sich wach, dann geht man nach Hause, zieht sich was Anständiges an und geht zu Fuß zur Sveti Roko-Kirche, wo um zehn Uhr eine Messe stattfindet. Bei dieser Messe werden einem die Sünden der Nacht vergeben. Dieses Programm würde ich nicht schaffen. Ich war so müde. Er drückte mir einen Kuss auf die Wange. „Good bye. Dann geh halt, wenn du unbedingt musst." Ich konnte spüren, wie seine Bronchien rasselten. Ich glaubte nichts mehr, auch die Geschichte von der Untersuchung nicht, sie hätten ihn als völlig gesund entlassen. Er musste das Rauchen aufgeben, wenn es nicht schon zu spät war. Gläser klirrten, Stimmen schwirrten durch die Sommernacht. Jugendliche hockten in Grüppchen am Boden und betranken sich und von überall her dröhnte laute Musik.

Die Wallfahrt

Oropax hilft gegen den Lärm. Jeder, der ein Haus am Meer hat, braucht im Hochsommer Oropax, nicht nur im „all-inklusive Mega Club“, auch auf einer einsamen Insel. Ich stellte den Wecker auf sieben Uhr dreißig. Kaum war ich im Bett, schlief ich sofort ein. Um sieben Uhr fünfundvierzig läutete das Telefon, ob ich schon wach sei? Und ob ich bei ihm vorbeikommen könnte? Er wollte, dass wir gemeinsam nach Sveti Roko gehen.

Ich schlüpfte in eine helle, dünne Leinenbluse und weite Hosen und in die Laufschuhe und traf fünf Minuten später bei ihm ein. Er wartete vor dem Häuschen seiner Mutter und rauchte. An den Füßen trug er nicht die obligaten Gummischlapfen, sondern Schuhe, auch keine Tennisschuhe, sondern richtige Schuhe aus Segeltuch. Er sagte: „Die sind o.k.“ Wieso hatte er dann immer über das Tragen von Schuhen gejammert? Jetzt geht es doch, sobald er sie einmal anhat. Wir gingen los. Schnell und zügig, den Hügel hinauf. Nicht ich gab das Tempo vor, sondern er. Nach zehn Minuten stellten wir uns zum Ausrasten in den Schatten. Wann wird er endlich das Gehen erlernen? Menschen, die am Meer leben, mögen sich auf Booten richtig bewegen, vom Gehen auf festem Boden haben sie keine Ahnung.

Auf dem Weg nach Sveti Roko war ein Wunder geschehen: Jemand hatte die Kadaver der toten Kaninchen, die seit der Kaninchenpest überall herumlagen, zur Seite geräumt. Der Rasen am Wegrand war gemäht, die Büsche waren getrimmt, und vom Plastikmüll war keine Spur mehr zu sehen. Ich dankte der katholischen Kirche, die die kirchlichen Feiertage eingeführt hat und die drum herum stattfindenden Rituale. Dazu gehört auch das Saubermachen und die Wallfahrt, die auch einen Sinn hat. Auf einer Wallfahrt büßt man seine Sünden ab, man lernt aber auch sich und seine Partner besser kennen.

Nach zehn Minuten Pause setzten wir unseren Bußgang fort und waren bald viel zu früh bei dem Kirchlein. Dennoch war es schon voll. Vor dem Portal parkte ein Papamobil, das Fahrzeug, in dem der Pfarrer auf der Insel herumfährt. Er muss ja keine Sünden durch beschwerliche Fußwege abbüßen, weil er keine Sünden hat. Es war erst neun Uhr. Die Betschwestern leierten ihre Rosenkranzgebete. Der Pfarrer leierte mit.

Immer mehr Wallfahrer näherten sich von allen Seiten, und alle kamen zu Fuß. Halb Mali drängte in die Kirche. Sogar Daro kam, dieses Mal in Weiß und Purpur, seine Frau im geblümten Kleid an der Seite. Gehört Texas Hold'em zu den lässlichen Sünden? Die älteren Frauen fächerten sich frische Luft zu, ihre Frisuren waren tadellos. Wie hatten sie das nur gemacht? Ich hatte einige von ihnen in der Nacht doch tanzen gesehen. Sogar eine Achtzigjährige im schwarzen Wollrock hatte das Tanzbein geschwungen. Auf einen Stock gestützt humpelte sie jetzt in die Kirche hinein. Wie waren sie alle hier heraufgekommen? Sie hatten den Hauptweg genommen, keine Abkürzung, so wie wir.

Motorenlärm! Wie das? Rokos Motor-Cycle biegt um die Ecke. Himmelherrgott! Es heißt doch, man soll zu Fuß auf diese Wallfahrt gehen. Zu Fuuuß! Doch weil ein Politiker wie der liebe Gott gleichzeitig an mehreren Orten sein muss, muss er fahren. Er tat an diesem Bußtag lauter gute Werke. Gerade erst hatte er die letzten Alkoholleichen an ihren Adressen abgeladen und nun karrte er auf seinem Quad drei alte Weiblein an den Ort, der dem heiligen Roko, seinem Heiligen, gewidmet war. Er hob sie, eine nach der anderen, liebevoll von seinem Quad hoch und begleitete sie, eine nach der anderen, in die Kirche hinein.

Stanley saß im Kirchenschatten und rauchte Kette. Sozusagen als Vorschuss vor dem Kirchgang, weil man in Kirchen nicht rauchen darf. Er deutete auf meinen Kopf und sagte spitz: „Nimmst du dir endlich diese Mütze ab." Ich trug meine sportliche, hellblaue Schildkappe, an die ich so gewöhnt war. „Mit so einer Kappe geht man nicht in eine Kirche hinein." Da wurde ich fuchsteufelswild und nahm die Kappe nicht ab. Erst als das Glöckchen in der Hand eines Ministranten bimmelte, kam Stanley nach. Ich brauchte ihn gar nicht zu sehen, ich konnte ihn riechen. Ihn umgab eine Wolke von frischem Zigarettenrauch.

Schon bald tat mir das Kreuz weh. Also schlich ich mich raus. Andere Leute, die keinen Platz mehr in der Kirche gefunden hatten, saßen schon draußen. Still saßen wir nebeneinander auf einer Steinbank und lauschten den immer gleichen Gesängen. Stanley kam bald nach mir ins Freie, zündete sich eine Zigarette an, dann zerknüllte er das Paket. Ich musste ihm das mit der Mütze vergelten und sagte: „Rauch nicht. Die Messe ist noch nicht aus und während der Messe ist es verboten zu rauchen." Er tat, als hörte er nicht, sagte, er müsse dringend in das Kaufhaus, das offen hatte. Er wollte früher, vor den anderen, da sein. Wir liefen den Hügel hinunter, bis in das Dorf. Das Kaufhaus war schon voller Kunden. Touristen waren da. Leute, die nichts vom Wallfahren wussten oder hielten, wie Diana. Sie stand in der Schlange beim Brot schon vorne, ich ging hin zu ihr, bat sie, auch für mich vier Wecken zu kaufen. Zu Hause gibt es einen Brunch. Dafür reihte ich mich schon in die Schlange vor der Kassa ein. Stanley nahm Brandy und Zigaretten und stellte sich an der Kassa ganz hinten an, als Diana und ich schon bei der Tür draußen waren. Ich fühlte, wie er mich in diesem Augenblick hasste.

Diana musste nach Hause zu Edi, kochen. Ich setzte mich auf einen Stein und wartete auf meinen Inselmann. Vor dem Geschäft saßen zwei Männer auf einem laufenden Traktor. Auch sie hatten die Wallfahrt geschwänzt. Der eine von ihnen war der Blondschopf mit den Schlitzaugen und der Stulpnase. Er sagte: „Ey Stanley, kannst du mir heute helfen das Boot herausziehen, so gegen elf?" Ich blickte in einen der Schlitze und sagte scharf: „Nein, er hat heut auch was anderes zu tun." Ich sagte das, nicht er. Stanley wollte an diesem

Tag doch gemeinsam mit mir brunchen. Das hatte er mir am Morgen versprochen.

So gingen wir, ein jeder bepackt mit seinen Plastiksäcken, die Hauptstraße entlang, bis an die Stelle, wo die Wege sich trennen, wo der eine zu mir führt und der andere zu ihm. Wir blieben am Scheidepunkt stehen. Wir schwiegen. Himmelherrgott. Wir wollten doch bei mir frühstücken, da kann er doch gleich jetzt mit mir einbiegen. Aber er sagte: „Ich komme nicht. Weil wir beide nicht zusammenpassen. Werde ohne mich glücklich. Be happy.“ Stanley drückte seine Zigarette an einem Stein aus.

Wir nahmen unsere Plastiksäcke von der Mauer und gingen heim, ein jeder in seine Richtung. „Be happy!“ Vielen Dank. Ich war traurig, ich war wütend. Ich schluchzte. Einer kam auf mich zu, ein Amerikaner, einer mit Tennisschuhen und Schirmkappe. Tränenbäche flossen über meine Wangen. Er grinste, einen Meter war er vor mir, und sagte: „Hi. How are you?“ Ich schluchzte: „Beschissen.“ Das musste er doch sehen! Aber er grinste weiter: „Oh, fine.“ „Be happy!“ Wie ich es hasse, das amerikanische Happysein.

Gott sei Dank waren zu Hause die Kids da. Ich heulte auf der Terrasse. Ein Sohn nahm mich in den Arm und tröstete mich. Ich weinte mich aus und lenkte mich ab. Eine Freundin hatte ihr Stadtkätzchen mitgebracht. Das durfte in Wien niemals ins Freie. Nun führte es die Katzenmutter an einer zehn Meter langen Schur spazieren. Es war zum ersten Mal in seinem Leben auf einer südlichen Wiese, die jetzt ganz verdorrt war. Es spielte mit den Halmen, erschrak vor einer Zikade, hüpfte vor Freude, kletterte auf die Mauern aus Stein und lief einer Erdkröte nach. Es gibt noch andere Dinge als diesen Zwang zum Happysein. Wieso haben sie das Recht auf Glück in der amerikanischen Verfassung stehen? Wo doch keiner genau weiß, was Glück ist. Ich sollte mich einfach mehr um mich kümmern, meinte ein junger Mann ganz lieb. Aber, war es nicht das Gegenteil? Kümmerte ich mich nicht zu sehr um mich, indem ich mich um Stanley kümmerte, statt mich in ihn hineinzuversetzen. Ich musste ihn seinen Weg gehen lassen.

Als Roko vorbeikam, spürten alle Erleichterung. Mit Roko war immer Action. Und Action ist mir wichtig. Roko brauchte Hilfe. Der Motor seines „Speedboats" war kaputt. Dieses Boot machte ein schneidendes Geräusch und war mir schon im Vorjahr auf die Nerven gegangen. Der kaputte Teil stammte, laut Firmenbezeichnung, aus Österreich. Jetzt konnten wir uns für die Zechen, die Roko in den letzten Tagen übernommen hatte, revanchieren. Jetzt sollen die mal sehen, wie gut wir Österreicher sind. Roko würde, da war ich mir sicher, vor uns den Hut ziehen. Im Internet suchte ich den Erzeuger des Motors heraus, fand ihn und die Telefonnummer und rief an. Es war Samstagnachmittag, und keiner war mehr da. Der Portier, der am Telefon war, sagte, dass auch in den kommenden zwei Wochen keiner da sein werde, denn die Firma mache Betriebsurlaub. Roko griff sich an den Kopf und stöhnte: „Betriebsurlaub! Zwei Wochen im Sommer! Eine Firma, die Bootsmotoren erzeugt, macht Urlaub im Sommer. Es ist nicht zu glauben! Diese Österreicher sind auch nicht besser als die Dalmatiner. So was könnte es in Amerika nie geben!"

Nikolas Traum

Für acht Uhr am Abend hatte sich Besuch angesagt: Angelos siebenter Cousin in der Nahverwandtschaftsreihenfolge, ein Mann, über den man hinter vorgehaltener Hand spricht, weil er so erfolgreich ist, in Amerika. Es heißt, er habe dort eine Firma, die alte Menschen betreut, und er wolle auf seiner Heimatinsel ein Altersheim bauen, nach kalifornischem Muster. Ich verstand dieses Projekt nicht. Die ganze Insel ist doch ein Altersheim, das schönste, das es gibt. Jeder kann tun, was er will, und wenn ihn der Herzinfarkt trifft, ist er endgültig tot, weil es kein Boot schafft, ihn zu lebenslangem Siechtum in ein Küstenkrankenhaus zu bringen. Das ist viel besser so, als der nächsten Generation jahrelang auf der Tasche zu liegen. Aber wer erfolgreich ist, weiß schon, wo es langgehen wird. Wenn sie alle erst mit sechzig nach Mali Otok zurückkommen, werden sie in zwanzig Jahren alle reif für das Pflegeheim sein. Die Idee war gut. Außerdem wollte Nikola, so hieß der Cousin, das Altersheim auf einem Nachbargrundstück von meinem bauen. Diese Idee war weniger gut. Diese Nachricht kam aus der Gerüchteküche. Das Gespräch mit ihm war für mich wichtig. Am Telefon sagte er, sein Großvater sei in meinem Haus geboren worden, und diesen Ort wolle er seiner Frau zeigen, und ob er sie mitbringen darf? Selbstverständlich!

Gegen acht stand das Paar am Tor, ein amerikanisches Power Couple. Hand in Hand standen sie da, wie Bill und Hillary Clinton in ihren besten Jahren: Nikola und Mary. Er, weißhaarig, groß, schlank und gut duftend, mit einem roten Gesicht. Er trug weiße Flatterhosen, teure Sandalen und ein fesches Designer-Hemd. Sie, blond, gepflegt, pummelig, etwas kleiner als er, mit festen Waden, mit einem Gesicht, so lang und schmal, wie die Zähne. Auch Mary war elegant gekleidet und auf ihre Art apart. „Hi", sagte sie, und ihre Zähne wurden noch länger. „Hi", sagte auch ihr Gemahl.

Die beiden signalisierten sofort eines: „Erfolg". Ja, diese beiden hatten es in Amerika wirklich geschafft, von null nach ganz oben. Ihr Erfolg war auch das Thema an diesem Abend, an dem ich sie auf meinen bescheidenen Besitzungen herumführte. Ganz kurz leierte ich zum hundertsten Mal in diesem Jahr meine Geschichte herunter, wie ich das Haus gefunden hatte. Mehr wollten sie vom Haus gar nicht hören. Sie erkundigten sich nach den Kindern. Die und deren Freunde konnte ich ihnen gleich „live" vorstellen. Da waren sie: der Menschenrechtsexperte, der Musikproduzent, der Jungfilmer, Österreichs jüngster Anwalt, der Summa-cum-Laude-Philosoph, der Computerfach-

mann, der gerade aus Saudi Arabien kam, die Jungärztin, zurück aus Afrika, und Kathi. Sie ist mit dem Studieren noch nicht fertig, weil sie neben dem Studieren arbeiten muss und sich damit das Studium finanziert. Ihr Papa machte nämlich Pleite, auch das kommt in den besten Familien vor.

Bill und Hillary fanden die Jugend toll und hatten, was den eigenen Nachwuchs anlangte, natürlich noch mehr zu bieten. Sie hatten nicht drei, sondern vier erfolgreiche Söhne, außerdem eine Lodge in den Rocky Mountains, ein Haus in San Francisco und ein Penthouse in Santa Barbara und natürlich ein Boot, aber kein geliehenes Tuckerboot mit einem 5-PS-Motor, sondern eines, das fünfunddreißig Fuß lang ist und einen 350-PS-Motor hat. Und von wegen staatlicher österreichischer Universität, auf die meine Knaben gingen. Die Universität, die ihre Söhne besuchen, kostete fünfzigtausend Dollar im Jahr. Fünfzigtausend pro Sohn, also das Ganze mal vier. Ich musste passen. Nein, so etwas könnte ich nicht finanzieren.

Bill hatte es sich auf der Terrasse schon gemütlich gemacht. Sternschnuppen fielen vom Himmel. Eine hier, zwei da. Es regnete Sternschnuppen in dieser Nacht. „Ich stelle mir vor, in einem Boot zu sitzen und die Angel ins Wasser zu halten. Ich stelle es mir vor, hier alt zu werden", träumte Bill. Er wünsche es sich sogar. Eine Sternschnuppe hatte ihn wohl auf die Idee gebracht. Hillary schien entsetzt. Sie sagte: „Ich halte das Nichtstun nicht aus. Die Leute hier sind schrecklich. Sie sind furchtbar faul." Bill nickte. Hillary war die Starke in der Beziehung. Bill kehrte in die Wirklichkeit zurück und sagte: „Wir gehören nicht zu denen, die den ganzen Tag unterm Dorfbaum sitzen und vor sich hin stieren." Hillary legte nach: „Wir gehen auch nie in die Bar. Was sollen wir dort tun? Herumsitzen? Also, das kann ich nicht. Ich muss täglich etwas tun, damit ich abends vor dem Einschlafen zufrieden in den Spiegel schauen kann und mich im Bett daran erinnern, was ich geleistet habe an diesem Tag." Ja, das sagte sie wirklich. Bill blickte seine Frau bewundernd an. Dennoch glaubte ich zu spüren, dass er dazu tendierte, diese Insel nicht wie seine Frau für das Letzte zu halten. Er hielt sie für das Beste, was einem passieren kann.

Gegen ein Uhr morgens ging das Power Couple elastisch von der Bühne ab. Immer noch frisch und duftend, Hand in Hand. Sie hatten den ganzen Abend nur ein paar Schluck Wein getrunken und nicht geraucht. Als sie außer Hörweite waren, sagte einer der Jungs: „Sie reden nur von Geld, die Amis. Geld allein misst den Erfolg. Dabei gibt es noch anderes, das den Erfolg ausmacht." Sie halfen mir, den Geschirrspüler auszuräumen und die Küche sauber zu machen. Gegen zwei Uhr ging ich schlafen. Zu dieser Zeit erst zischten sie ab, hinunter in Nikos kleine Bar.

Morgens am Strand schwamm schon wieder einiges im Wasser, was nicht hinein gehört, Plastikfetzen, Tampons und Schaum. „Ach ja", sagte Violetta, die schon auf ihrer Betonplatte saß, mit ihrem Strohhut und ihrer Audrey-Hepburn-Brille. Sie sagte: „Das ist die Strömung." Ich versuchte eine andere Stelle zum Einstieg. Am Sandboden zog ein großer Einsiedlerkrebs sein Schneckengehäuse am Rücken durch den Sand und zeichnete eine breite Straße auf den Meeresboden, ich schaute ihm lange zu. Zwei durchsichtige rosabraune Medusen schwammen langsam in Richtung Ufer und fächelten sich mit den gekräuselten Rändern ihrer Körper das Wasser zu. Hinter sich zogen sie ihre hellgrauen, durchsichtigen Arme wie einen Schleier nach. Elegant schaukelten sie dahin, synchron, beide im gleichen Rhythmus, denn als die eine sich umdrehte, um wieder ins Meer hinauszuschwimmen, drehte sich auch die andere um und so schwebten sie im Gleichklang weiter. Sie waren aber nicht die Einzigen, die im Wasser tanzten. Ein ganzes Ballett tauchte nun in meiner optischen Reichweite auf. Die Quallen kommen mit dem warmen Wasser und mit der Strömung. Und wenn sie einen streifen, ist es aus mit dem Spaß. Also beschloss ich, auf die andere Seite der Insel zu wandern. Dort läuft die Strömung anders herum.

Dort sah das Meer wunderschön aus, und Menschen waren auch keine da. Ich breitete mein Handtuch über das Seegras. Ich legte mich hin, schloss die Augen und atmete den Geruch von Jod. Ich wartete, bis die Flut kam, und träumte vor mich hin. Ich träumte vom Vorjahr, als alles noch so einfach war. Eine Insel, eine Sommerliebe, Freunde, Familie. Ich träumte auch noch, als ich ins Wasser stieg, und als ich sie sah, war sie schon an meiner Haut. Die Qualle erwischte mich am Unterarm, und das brannte höllisch. Raus aus dem Wasser und schnell nach Haus. Am Heimweg wurde der Arm rot und röter, langsam bildeten sich Blasen. Sie wurden groß und größer. Es brannte wie Feuer. Ich konnte nur abwarten. Ich legte den Arm vor mich auf den Tisch und sah den Blasen beim Wachsen zu. Es ist richtig spannend, wenn sich auf deinem Körper vor deinen eigenen Augen etwas tut, das du nicht beeinflussen kannst. Die Blasen wuchsen wie ein Geschwür im Zeitraffertempo. Ich wusste, die Verbrennung war ziemlich harmlos. Nach zwei Stunden klang die Irritation wieder ab. Die Blasen verschwanden, aber die Narbe blieb fast ein ganzes Jahr.

Platzangst

Ende August hatten die Gäste Mali Otok verlassen. Seit Tagen stand keine Wolke am Himmel, das Wasser war warm, der Wind wurde kühler, die Sonne mild. Auch meine Jungs, ihre Freunde und Mädchen waren abgereist. Die Feigen waren reif. Die Nachbarin kam vorbei und brachte einen Teller mit den süßen Früchten und der Mahnung, die Feigen ja in den Kühlschrank zu stellen, weil sie dort länger halten. Im Garten erntete ich die zweite honigsüße Melone der Saison. Sie war wegen des Gießwassermangels so klein wie eine Tomate, aber sie duftete dreimal so stark wie die Melonen im Supermarkt.

Die Ratte hatte jede Scheu verloren und lief sogar am helllichten Tag zwischen der Kartoffelkiste und den Tomatenstauden hin und her. Sie war hübsch und ich konnte mir gar nicht vorstellen, sie irgendwie zu vernichten. Diana sagte, so eine Ratte sei unglaublich klug, werde aber nur zwei Jahre alt. So jung wird sie sterben müssen! Sie tat mir aufrichtig leid. Angelo wusste etwas anderes über Ratten zu berichten. Er sagte, sie bleiben nicht allein und vermehren sich, und deshalb werde er, ob ich es nun wolle oder nicht, die Ratte im Winter vergiften.

Stanley saß unten im Hafen, auf seiner Lieblingsbank, mit ein paar anderen und tat so, als wäre nichts Besonderes zwischen ihm und mir geschehen. Er paffte, lächelte verzagt, hob die Hand und sagte: „Hey.“ Eine aufgedonnerte Tussi stand hinter ihm. Mir war sie schon zu Maria Empfängnis aufgefallen, mit ihrem auftoupierten Haarturm und der Schminke im Gesicht. Sie hatte eine tiefe, raue Männerstimme, die Stimme einer Raucherin, und sicher trank sie Brandy aus dem Wasserglas. Mein Herz pochte wie wild. Meine Phantasie spielte mit mir verrückt. Aber ich war zum Glück nicht alleine auf diesem großen, leeren Platz, der nie so voller Leute sein kann, dass er nicht auch gleichzeitig leer ist. Ich begleitete Tante Sofia zum Fahrkartenhäuschen, wo sie zwei Tickets kaufen wollte. Ihre Enkel reisten morgen ab.

„Nein, ich gehe nicht an Stanley vorüber.“ Ich bog zur Bar ab und setzte mich oben hin auf die Terrasse. Von dort aus konnte ich das Geschehen überblicken, die Bank unterm Baum, die Sitzbank am Rasen, die Stühle vor der Kneipe. Ich würde jeden Punkt sehen, an den er sich begibt. Auch er konnte nicht länger als drei Stunden auf einem Fleck sitzen. Ich schielte zu ihm hinüber.

„Be happy!“ Ich bin gesund, habe gute Freundinnen und kluge Kinder, die gerne chillen, aber keine harten Drogen nehmen. Geldsorgen habe ich auch keine und ein wunderschönes Häuschen auf einer wunderschönen Insel, auf der ich mir eine Auszeit leisten kann. Ich bin schon lange happy, und jetzt muss ich an diesen Losern und

Wurzelsuchern hier vorübergehen, die sich gegenseitig die Zechen zahlen, wofür sie sich gegenseitig das Geld borgen. In zehn Wochen hatte er siebentausend Euro auf der Insel ausgegeben, beim Fenster hinausgeschmissen! Und den anderen Losern um ihn herum wird es auch nicht anders gehen. Ich hingegen hatte in diesen zehn Wochen fast keinen Cent verbraucht und nach Abzug der Steuern sogar ein paar Tausend Euro mehr in der Tasche als noch vor zwei Monaten, weil, lebt man auf einer Insel, das Geld am Festlandkonto wächst. Man rennt nicht wegen jeder Kleinigkeit in ein Geschäft, zum Friseur oder zum Doktor. Ich schaue ja nicht einmal fern! Die Weine werden mir mitgebracht, die CDs und auch die Bücher. Meine Plattensammlung aus den 60er und 70er Jahren ist phänomenal und kann Abende füllen. Mich zwickt es nirgends, ich laufe täglich und mache Yoga. Nicht einmal ein Hühnerauge kann man an mir entdecken. „Don't worry, be happy." Das könnte ich haben, wenn ich wollte. Aber ich brauchte ein Problem. Ich brauchte Stanley. Ich rief die Kellnerin und zahlte. Ich bezahlte zum ersten Mal meine Zeche in diesem Sommer. Ich wollte nach Hause und musste an ihm vorbei. Die Frau mit der Bassstimme, dem falschen Busen und dem Haarturm war schon gegangen. Auf der Bank saßen jetzt nur die Männer, zu viert. Arrogant und gelangweilt tasteten sie mit ihren Blicken jeden Teil meines Körpers ab. Arschlöcher, Deppen! Ich wurde unsicher, verdammt noch mal! Wo war all mein Körpertraining? Es kam mir vor, als flatterte ich wie ein aufgescheuchtes Huhn vor dem Hahn. Nur nicht gackern, sagte ich zu mir und fand eine passable Stimmlage. Ich schaute die Männer an und sagte: „Be happy." Jetzt schauten sie aber blöd. Ich schaute auf ihn und wiederholte: „Be happy." Er kniff den Mund zusammen und senkte den Kopf, wahrscheinlich machte er hinter den Spiegelgläsern die Augen zu. Dann ging ich weiter, voller Wut. In mir rief es: „Ich habe ein Recht auf ein einziges Problem auf dieser langweilig schönen Insel."

Im Internet suchte ich, was es zum Thema Nikotinsucht und Spielsucht zu lesen gab. Ich fand eine Menge und ich bestellte die Problemlösungsbücher gleich im Doppelpack. Oh, Stanley. Du bist ruiniert und nur ich kann dich retten.

Am nächsten Tag schickten sie mit der Fähre mein repariertes Fahrrad aus der Stadt. Die Kids hatten es kaputt gefahren und wider Erwarten zur Reparatur mitgenommen. Und der Transport von der Stadt zur Insel funktioniert fast immer. Auf dem Rad fühlte ich mich sicher. Ich hatte etwas zum Anhalten, konnte damit fahren oder es schieben. Ich wollte nicht mehr allein auf meinen zwei Beinen über den großen, leeren Platz im Hafen gehen. Ich fürchtete mich vor dieser Bühne. Alle werden mich anstarren, Stanley inklusive. Er saß ja tagtäglich auf den Zuschauerrängen. Und ich wollte mich nicht in meinem Haus vergraben.

Aus den letzten tiefgefrorenen Kalamari kochte ich Risotto, das beste Risotto, das es je auf Mali Otok gab. Die Fangarme kochte ich zusammen mit Gemüse, weil ich die Brühe zum Aufgießen brauchte. Aus den gekochten Fangarmen machte ich am nächsten Tag einen Salat, mit Tomaten und Äpfeln, Zwiebeln, viel Petersilie, Olivenöl, Salz, Pfeffer, Zitrone und etwas Zucker, und gab vor dem Anrichten drei warme Kartoffeln darunter. Das war mein eigenes Rezept, das auch für den zäheren Oktopus geeignet ist, und dieser Salat war ein Gedicht. Für diesen zarten, warmen Tintenfischsalat setzte ich mir selbst zwei Hauben auf. Sie können in Wirklichkeit nicht kochen, auf dieser Insel, weil sie nie über den Tellerrand schauen, weil sie nie neue Rezepte probieren oder mit neuen Gewürzen experimentieren. Deshalb kennen sie hier auch keinen Kalamari-Salat mit Äpfeln und warmen Kartoffeln. Den hat nämlich weder die Mutter noch die Großmutter gemacht.

Die Reste der Viecher packte ich in ein Säckchen und brachte sie Maria, für die Hunde. Vinko war dabei, seine geflickten Netze zusammenzulegen. Maria kehrte den Gehweg vor dem Haus mit dem Reisbesen blitzblank. Ich lobte: „How nice.“ Sie krächzte: „It is every day the same.“ – „Don't mind”, sagte Vinko, „she is a good woman.“

Hinter mir hörte ich es keuchen. Ich hörte jemanden in die Pedale treten. „Hey“, sagte Stanley, „ich hab dich am Strand unten gesehen, aber dann warst du schon fort und ich war zu langsam, um dich unten zu treffen. Ich wollte dir nur sagen, dass deine Tasche noch bei mir ist. Ich hab nicht vergessen, sie dir zurückzubringen.“ Er hatte die Tasche aber gar nicht mit und stieg vom Rad, ganz außer Atem. Wir gingen ein Stück des Weges gemeinsam. Dann schloss ich das Gartentor zwischen mir und ihm und hielt mich an den Holzsprossen fest. Die brauchte ich jetzt. Ich freute mich so, dass er da war. Aber ich bat ihn nicht herein und tat, als ob ich noch etwas Wichtiges zu tun hätte. Am nächsten Tag stand ich, so wie Stanley, an der Mole zum Winken, als die Fähre abfuhr und noch ein paar Inselbesucher mitnahm. Es ist so Brauch hier, dass, wer nichts zu tun hat, und das sind fast alle, zum Winken bereitsteht. Ein orangefärbiges T-Shirt löste sich aus der Menge und sprang mit elastischem Gewinnerschritt auf das Boot. Daro reiste auch ab! Wir winkten und winkten. Mein Alptraum ist zu Ende. Stanley sagte: „The nightmare is over.“ Und weil ich ihn wiederhaben wollte, ließ ich ihn alleine auf der Mole stehen.

So fängt man Kalamari

„Angeln und Bocciakugeln, Gewehre und Spielkarten und manchmal eine Frau für den Sex, das ist es, was die Inselmänner zu ihrem Glück brauchen“, sagte ich zu Diana. „Seemänner brauchen nicht einmal die Frauen. Sie schauen Pornovideos. Das reicht ihnen voll“, antwortete sie. Sie wusste, was an den Molen, in den Booten los war, spazierte sie doch täglich die Riva entlang und schaute genau hin. Was zwischengeschlechtliche Beziehungen anging, wusste sie mehr als ich. Sie redete mir, seit wir uns kannten, den Inselmann aus, überhaupt die dalmatinischen Männer, weil diese auf der zwischengeschlechtlichen Ebene unterentwickelt sind. Sie sagte: „Die leben noch im 19. Jahrhundert."

„Männersache" ist auf Mali ein geflügeltes Wort. Boccia zum Beispiel ist Männersache. Das heißt, es ist ein ernsthaftes Spiel. Billard dürfen auch Frauen spielen. Pokern hingegen ist wieder Männersache, so wie die Jagd und das Fischen. Was nicht heißt, dass Frauen nicht auch jagen, Boccia spielen und fischen. Sie machen es aber nur zum Spaß. Die Männer spielen, was immer sie auch spielen, ernsthaft. Das zumindest behaupten sie. Darum darf man sie dabei auch nicht stören. Um die Bocciabahn standen nur Männer und die Besten spielten jeden Nachmittag zwischen fünf und sieben. Stanley schaute zu. Ich stellte mich zu ihm und fragte nach den Regeln, damit ich verstand, womit sie die Zeit totschlugen. Wir traten ein paar Schritte zurück und er klärte mich auf. Es gibt eine weiße, acht grüne und acht rote Holzkugeln, und zwei Mannschaften. Jeder kann zwei Kugeln rollen oder werfen. Die Kugel oder mehrere Kugeln von einer Farbe, die der weißen Kugel am nächsten sind, zählen einen Punkt. So geht es dahin. Das erfordert Geschicklichkeit und Erfahrung. Eine anstrengende sportliche Tätigkeit ist es nicht. Diese verspielten Männer! Ihr ganzer Nachmittag ist mit Spielen ausgefüllt. Nach dem Boccia spielen sie Karten oder Schach und abends, im Café, mit Worten. Dann sind sie in ihrem Element als Lügenbarone und Märchentanten und als Politiker, die alles anders machen würden. Große Schweiger wie Stanley sind selten.

Nach einem halben Stündchen setzten wir uns in die Hollywoodschaukel. Es war noch immer recht windig. „Gehst du fischen?" – „Warten wir ab." Er sagte „wir". Ich spitzte mein Ohr und schwieg. Nach einer halben Stunde fand er, der Wind würde sich, sobald die Sonne unterging, legen, und wir könnten es probieren. Ich holte eine

Jause und eine Jacke, er holte Zigaretten und die Angeln. Als ich zum Boot kam, stand er schon drin und startete den Motor. Und erst jetzt dämmerte mir, dass dies etwas Besonderes war: Er wollte Kalamari fischen, mit mir!

Wir nahmen das Boot, das er sich zum Fischen ausborgte, ein einfaches Boot aus Kunststoff, in dem zwei Leute gut Platz hatten. Das Boot seines Vaters, eine Nussschale aus Holz, lag noch in einem Magazin, wo sie es flicken wollten. Man musste es erst flottmachen. Zwei kleine Boote fuhren mit uns in dieselbe Richtung. In einem saß der junge Niko, der ohne Arbeit war und beschlossen hatte, auch ohne Arbeit zu bleiben, weil er das Spiel mit der Angel ernst nahm. In dem anderen saß der Postbeamte, der immer noch Ferien hatte. Sie machten dasselbe wie mein Fischer. Sie hielten eine Schnur ins Wasser, an deren Ende ein bunter Köder aus Plastik mit ein paar kleinen versteckten Haken ist. Die Schnur ist um einen Pappendeckel gewickelt. Stanley drehte den Deckel, während er die Schnur bis an den Boden hinunterließ. Die Bodennähe konnte er spüren. Hier waren es ungefähr zwanzig Meter. Dann zog er die Schnur einen Meter ein, ließ den Motor laufen und fuhr ganz langsam im Kreis, um die Schnur nachzuziehen.

Es war das erste Mal, dass ich um diese späte Zeit in einem Boot am Meer war. Im Westen wurde die Sonne rot und färbte zwei Kondensstreifen rosa. Es wurde dunkler und das Meer wurde schwarz, sah aus, als bekäme es eine schwarze Plastikhaut, und das Wasser bewegte sich darunter.

Hinter Veli Otok ging die Sonne unter. Eine schwarze Regenwolke, die über der Nachbarinsel hing, färbte sich in knalliges Orange. Orangefarbene Wolkenfetzen zogen über den Himmel, wurden lila und grau und wieder schwarz. Der schwarze Berg einer weiter weg gelegenen Insel bekam eine schmale, leuchtende Kontur, als ob er zu brennen begonnen hätte. Langsam wurde es Nacht. Ich schaute andauernd auf den Horizont.

„Ey“, sagte Stanley, „schau bitte mal her.“ Er zeigte mir, wie man es macht. Er bewegte mit der rechten Hand die Schnur, zupfte daran, zog an, ließ nach. Mit dem linken Oberschenkel steuerte er den Hebel vom Außenbordmotor, in der linken Hand hielt er eine Zigarette. Dann biss etwas an. Er warf die Zigarette ins Meer und holte die Schnur ein. Das schwarze Wasser teilte sich und ein weißes Tier mit einem großen Kopf, riesigen Augen und einem sich nach unten verjüngenden Körper hing an der Angel. Seine Fangarme zog es wie eine Schleppe nach, es sah wie ein Schlossgespenst aus. Die riesigen Augen blickten verdutzt, als ob das Tier sagen wollte: „Nanu?“

Stanley nahm es vorsichtig vom Köder, damit es keine Tinte im Boot verspritzte. Er sagte: „Das Zeug geht aus T-Shirts nur mit Entfärber heraus. Und es versaut das Boot. Deshalb passt man besser auf.“ Dann warf er es in einen Kübel. Das arme Tier machte „pfffthh“, Minutenlang kämpfte es um sein Leben. Ich dachte: „Sollten wir es nicht lieber zurück ins Wasser werfen?“ Aber kaum sah ich, dass er einen zweiten und einen dritten und einen vierten Kalamaro an der Angel hatte und in den Kübel beförderte, packte auch mich die Jagdlust. Er fing noch einen Tintenfisch, er sagte: „Das ist ein Patzer.“ Dann machte er Schluss. Er sagte: „Du kannst sie nur, solange es noch ein wenig hell ist, fangen. Wenn es ganz finster wird und das Plankton im Wasser zu leuchten beginnt, ist es zu spät. Du hast noch ein bisschen Zeit, um es zu probieren.“

Er gab mir die Leine. „Probier es. Die Tiere sind jetzt circa dreißig Meter unter uns am Boden. Dort schwimmen sie. Sie schweben knapp über der Bodenfläche gegen die Strömung und lauern auf Beute. Darum musst du, damit der Köder nicht nach unten sinkt, ihn so bewegen, dass er immer wieder auf sie zu schwimmt. Wie du ihn bewegst, ist deine Sache, in kürzeren oder längeren Abständen.“ Er nahm meinen Arm und zeigte mir, wie es geht. Ich ließ die Leine hinunter, bis sie am Boden ankam. Das merkte ich, weil sie nicht mehr spannte. Dann zog ich sie einen Meter ein, so würde sie über dem Boden schweben. Ich zupfte und zupfte, und bald spürte ich leichten Widerstand. „Ich glaub, ich hab einen.“ – „Dann zieh die Leine ein.“ Er zeigte mir wie. Man muss aufpassen, damit kein Leinensalat entsteht. Auf so einem Fischerboot hat alles seine Ordnung und nur einer ist der Kapitän, und der hat immer recht. So fing ich meinen ersten Kalmar. Im Ganzen fing ich drei. Es war Nacht geworden. Das Plankton glitzerte im Wasser, es war Zeit, nach Hause zu fahren.

Von Nacht zu Nacht würde der zunehmende Mond eine Dreiviertelstunde später untergehen, in sieben Tagen war er voll. Das versprach, bei Windstille und schönem Wetter, gute Ernte, obwohl es noch lange nicht die beste Zeit zum Fischen war. Die kam erst im Winter. Es war September und noch waren die Tiere klein, aber sie wachsen täglich. Im Dezember werden sie erwachsen sein. Eine stille Vollmondnacht im Dezember ist die beste Zeit für den Kalamari-Fang. Stanley sagte: „Nächstes Jahr im Dezember werde ich hier sein. Da bin ich ganz sicher.“

Kalamari & Tintenfische

Von Kopffüßern gibt es in der Adria mehrere Arten. Die besten sind der Kalamaro und der Tintenfisch. Der Kalamaro eignet sich zum Kochen, Grillen, Dünsten, Füllen und Braten im Rohr und für Risotto, der Tintenfisch eigentlich nur für Risotto. Rein äußerlich unterscheiden sich die beiden stark: Der Kalamaro hat eine durchsichtige Stütze im Rücken, er hat weniger Tinte, ist rosa bis weiß, glatter und sauberer als der Tintenfisch. Der ist ein richtiger „Patzer“, sieht grau und traurig aus, hat einen starken Rücken-Schulp, den man gerne den Singvögeln zum Schnabelwetzen gibt, und in seinem Inneren einen Sack mit viel Tinte.

Dalmatiner, und hier besonders die Fischer, mögen ihr Risotte gerne schwarz, sehr schwarz. Ich nicht. Ich bin daher nicht sonderlich begeis-

tert, wenn mir jemand Tintenfische bringt. Den Kalmar mag ich sehr. Wenn er vor mir am Tisch liegt, schneide ich ihn mit der Schere auf. Dann ziehe ich Kopf und Fangarme raus. Ich entferne die Rückenstütze und ziehe dem Tier die Haut ab. Das geht am besten mit Papiertüchern. Meine Fischerfreunde tun das nicht, sie putzen die Tiere nicht besonders feinsäuberlich. Aus den Gedärmen schneide ich vorsichtig den kleinen Tintenbeutel heraus, der für Risotto auch genügend Farbe und Geschmack abgibt. Vor mir liegt nun ein flaches Filet. Das kann man im eigenen Saft mit etwas Wein dünsten oder man kann es in dünne Streifen schneiden, will man es für ein Risotto verwenden oder will man die Streifen in Backteig herausbacken.

Die Fangarme trenne ich vom Kopf. Den bekommen, wie die Gedärme, die Katzen. Die Fangarme kann man backen oder mit Wurzelgemüse kochen. Die Brühe/Fond verwendet man zum Aufgießen des Risottos. Aus den Fangarmen, die man nach dem Kochen fein schneidet, macht man mit Zwiebeln und Gemüse, mit Olivenöl, Salz, Senf, Essig, Äpfeln und warmen Kartoffeln einen Salat.

Will man Kalamari mit Semmelknödelmasse oder mit Kartoffeln und Gemüse füllen und im Rohr braten, schneidet man sie nicht auf. Auch wenn man sie auf den Grill gibt, lässt man sie im Ganzen, nachdem man sie ausgenommen hat.

Für das Risotto schwitzt man Zwiebel, Knoblauch und die Hälfte der Petersilie in Olivenöl an, würzt mit Pfeffer, gibt die fein geschnittenen Streifen hinein und gießt mit Weißwein auf. Nach zwanzig Minuten gibt man den Reis dazu. In den nächsten zwanzig Minuten wird fleißig gerührt und mit Brühe aufgegossen. Die Tinte und die restliche Petersilie kommen erst im letzten Moment vor dem Auftragen hinzu. Auch ein Stück frische Butter!

Tramontana räumt auf

Adriano räumte den Tisch ab. Er dachte wie immer: „Ihr alten Trotteln." Aber er sagte: „Ach, ihr Turteltäubchen." So sah er uns. Aber wir turtelten gar nicht. Hier ging es ums Eingemachte. „Ich sagte: „Das Rauchen bringt dich um." Am Aschenbecher stand: „Casino Seefeld". „Is that in Austria?" Ich sagte: „Oh, ja. In den Bergen. Und schön zum Schifahren und Spazierengehen. Solltest mich mal besuchen kommen, in Austria." Er sagte: „Vielleicht kauf ich eine Wohnung am Festland. Mir wird es auf der Insel auf Dauer langweilig werden." Wie wahr! In Tante Sofias Appartement wollte er nämlich nicht wohnen. Er sagte: „Wer weiß, vielleicht will ich mich in der Stadt nach hübschen Mädchen umsehen." Er musterte mich: „Du bist so sportlich. Aber deine Jugend kriegst du damit trotzdem nicht wieder." Das fuchste ihn, dass ich einfach besser drauf war als er, einfach jünger, von Kopf bis Fuß. Ich sagte: „Ich rauche nicht und ich beweg mich. Ich kann mir nicht vorstellen, nur so wie du herumzusitzen." Er ließ nicht locker: „Du wirst deshalb trotzdem nicht jünger." So ein Aas. Ich sagte: „Rauch nur so weiter, dann bist du früher tot."

So kamen wir nicht weiter. Ein einsamer September drohte, ein schlimmer Altweibersommer, kein guter. Ich wollte kuscheln. Ich musste es ihm nicht sagen, er musste es selbst wollen. Mir fiel ein Trick ein. Ich drehte meine Hand um und streckte ihm die Handfläche hin. Am Zeigefinger innen hatte ich eine Warze. Ich schaute fragend: „Was ist denn das?" Er nahm meine Hand und schaute sie an. Er sagte: „Ach, eine Warze. Dagegen hilft eine scharfe Klinge und Zitronensaft." Er ließ meine Hand nicht mehr los.

Endlich wurde er hungrig und deshalb fragte er mich, ob ich Hunger habe. Er unterstellte mir immer, was er eigentlich für sich dachte. Wir gingen zu ihm. Er öffnete die Tür zum Mutterhäuschen und verschwand in der kleinen Küche. Ich setzte mich auf den wackeligen

Gartensessel im verwilderten Rosengarten. Er hatte noch altes Brot in der Lade, einen gekochten Kalmar im Kühlschrank, eine treibende Zwiebel und drei reife Tomaten. Aus denen machte er einen kalten Kalamari-Salat. Ich hatte schon einen besseren gegessen, nämlich meinen. Er war schon lange mit dem Essen fertig, als ich den letzten Rest der Soße mit dem Brot auftunkte. Erst dann zündete er sich eine Zigarette an, die er vor der Türe rauchte. Ich blieb noch ein Weilchen sitzen und blickte mich um. Im Eck stand der große, rote Koffer, in dem der kleine Knochen in einer Schachtel verstaut war. Am Koffer hing ein grau schimmernder Doppelreiher. Daneben standen die weichen, braunen Cowboystiefel. Beide Kleidungsstücke hatte ich noch nie an ihm gesehen. Im Badezimmer lag ein Stück Seife, am Regal ein Behälter mit Rasierschaum, eine Klinge, seine Zahnbürste, die Zahnpasta und ein Waschmittel in der Tube. Sollte ich mich auf das Bett seiner Mutter setzen? Es war nicht länger als einen Meter achtzig, ein Rückenverdreher, ein Folterinstrument. Vielleicht hatte er deshalb immer Kopfweh, weil er nie ausgeschlafen war. Stanley stand noch in der Tür und ich fragte ihn, warum er nicht wenigstens dieses Bett zum Sperrmüll gegeben hatte, wo es doch reif dafür war. Sie hatten vor einer Woche ein Schiff geschickt, das alte Möbel, Kühlschränke und Herde kostenlos abtransportierte. Er tat, als verstand er nicht, was ich sagte. Vielleicht hatte er auch schon an etwas anderes gedacht, denn als ich aufstand, hatte er die Türe hinter sich zugemacht, er sagte, wegen der Fliegen. Er hatte spürbar etwas vor. In der Ferne hörte man schon das Donnergrollen und innerhalb weniger Minuten blies ein Luftzug wie ein Sog durch das Fenster. Alles im Zimmer fiel um, was nicht niet- und nagelfest war: der Kleiderständer, der Ventilator. Das Tito-Foto fiel von der Wand und die alten Zeitungen aus dem Jahre Schnee wirbelten durch die Luft. Da blieb keine Sekunde mehr für die Liebe. Er lief in den Hafen, ich lief zu meinem Haus. Vor mir krachte ein alter Zwetschkenbaum quer über die Straße, seine Äste splitterten – das ging noch mal gut. Aber ich konnte mich nicht mehr aufrechthalten. Das war kein Sturm, das war ein Orkan. „Tramontana!“, rief der Wirt aus der Konoba, der mir von der anderen Seite des Zwetschkenbaums zuwinkte. Er stand in der Tür und deutete: „Kommen Sie rüber, hier sind Sie sicher.“ Er klärte mich auf, über die Stürme: „Der Jugo ist harmlos, und auch die Bora. Vor diesen Winden ist Mali geschützt. Dem Tramontana sind wir ausgeliefert.“ Ich fand es hübsch, wie er mir die Stürme erklärte, denn der Mann ist aus Banja Luka und dort versteht man von Meeresangelegenheiten angeblich gar nichts.

Der Sturm heulte noch eine Weile, dann prasselte ein schwerer, warmer Regen nieder. Fünfzehn Minuten dauerte der Spuk und der Weg zu meinem Haus war fast unpassierbar. Äste lagen herum, der Boden hatte sich in Schlamm verwandelt und daheim sah es schlimm aus. Ein paar Fenster waren offen gewesen, das war das wenigste. Aber der Sturm hatte sich in der Terrasse verfangen und ordentlich umgerührt. Töpfe und Pfannen lagen am Boden, die Liegestühle waren in einem Haufen verkeilt und der teure große Teakholz-Schirm mit der weißen Segeltuchbespannung hatte das Zeitliche gesegnet. Ich hatte ihn zwar abgespannt, aber nicht zugebunden. So hatte der Wind sich von unten her einen Weg in die Schirmspitze gebohrt, den Schirm geöffnet und gegen die Mauer geworfen. Die Bespannung war zerfetzt und die Rippen waren gebrochen. Ich räumte ein wenig auf und wischte die Wasserlachen unter den Fenstern zusammen. Es duftete nach Ozon, Moder und Jod. Als die Zikaden wieder zu singen begannen, schaute ich zu den Nachbarn. Maria kehrte die dampfenden Oleanderblüten, die wie ein Teppich auf dem Platz vor dem Haus lagen, mit einem Reisbesen zusammen. Vinko wollte hinunter in den Hafen, ich begleitete ihn. Die Männer standen vor ihren Booten und blickten aufs Meer. Nichts Schlimmes war geschehen. Der Himmel war wieder blau, die Wolkenfront verzog sich in Richtung Festland und ein doppelter Regenbogen spannte sich von Mali bis hinüber nach Veli Otok.

Diese Inseln sind Naturgewalten, wie ihre Menschen es einmal waren. Die sagten „ja" oder „nein", als Stanley ein Kind war. Nie sagte einer vielleicht, „maybe." Dieses Wort existiert in der Inselsprache nicht. Stanley ahnte, dass es schwer möglich war, in diese Welt zurückzukehren. So sagte er zwar, dass er die Türen in Amerika für immer schließen wollte, überzeugt war er nicht. Was sind vierzig Arbeitsjahre gegen siebzehn Jahre Jugend? „Nichts." Du kehrst zurück, wo du herkommst. Er befand sich ganz schön im Dilemma. Das Leben in Amerika und das Inseldasein, das eine war vom anderen so verschieden wie Tag und Nacht. Will man in beiden Welten zu Hause sein, hat man nur eine Chance: man muss sich selber mögen. Wer mit sich im Reinen ist und sich mag, kann überall leben.

Vom Himmel regnete es Sternschnuppen. Wir saßen auf der Bank im Rosenstrauch und schauten nach oben. „Bei der Sternschnuppe gestern", sagte Stanley, „habe ich an meine Kinder gedacht. Ich denke immer an sie, Tag und Nacht. Ich rufe sie so oft an, doch sie melden sich selten. Und schon wieder habe ich eine Telefonrechnung über dreihundert Dollar bezahlt." Er hatte den Flug umgebucht. Seine Abreise hatte er, anstatt nach vor nach hinten verschoben, weshalb er seine geliebte Tochter nicht treffen konnte. Es ging ihm wie mir. Kaum bist du auf der Insel, willst du nicht mehr fort. Er wollte die Tage auf Mali bis zur Neige auskosten.

Ich strich ihm über den Kopf. Die Kleinigkeiten, die ich mir von den Sternschnuppen wünschte, die vom Himmel in meinen Schoß fielen, waren ganz anderer Art: Ich wünschte mir ein bisschen Boot fahren, ein bisschen Fischen, ein bisschen Zusammensein – und viel zu tun, sobald ich nach Wien zurückkam. Die Wünsche gingen in Erfüllung.

Er holte mich zum Fischen ab. Mal fingen wir was, mal fingen wir gar nichts, und es ging immer nur um Kalamari, Oktopussies und Tintenfische. Sie sind die Schwammerln der Adria, freie Beute für kleine Leute, für die man keine Fischerei-Erlaubnis braucht. Wir froren und tranken Tee mit Brandy, wenn wir heimkamen, wir plauderten ein bisschen. Ich stand dann auf, sagte: „Time to go." Stanley antwortete: „Time to stay, if you want." Vor der Tür raunzten die Katzen.

Frieden

Aufräumen, schreiben, schwimmen, telefonieren, ein bisschen kochen, lesen, Yoga. Die Abendsonne wärmte die Terrasse. Stille. Vor Sonnenuntergang hörte ich den Motor von Stanleys Boot. Es waren so wenige Boote unterwegs, dass man allein nach den Motorengeräuschen sagen konnte, wer mit seinem Boot unterwegs war.

Den ganzen Sommer über hatte ich die Musik der anderen, nie meine Musik gehört. Mal war mir nach Mozart, mal nach Paolo Conte. Ich lag im Liegestuhl und gab mich den Klängen hin. Diana kam vorbei, rief: „Na, bist du wieder unter den Lebenden?" Damit meinte sie, ob ich wieder Zeit für sie hätte, denn während der Wochen mit den Kindern hatte ich keine für sie gehabt. Wenn sie da war, legten wir alte Songs aus den Siebzigern auf, Albert Hammond: „It never rains in California", die Beach Boys „Good Vibrations" oder Scott McKenzie, „If you are going to San Francisco". „Sie haben damals sogar auf Mali Otok Hanf angebaut", erzählte Diana, die auch einmal jung auf der Insel war. „Davon reden sie heute noch und regen sich auf, wenn sich ein paar Rucksackkids in eine Bucht verdrücken." Es gibt viele Pflanzen auf der Insel, die benutzte man in alten Zeiten als Medizin, in den Siebzigern inhalierte man sie. Wir waren nicht auf diesem Trip. Wir tranken hie und da ein Gläschen Roten oder setzten unseren speziellen Kräutertee aus Zitronenverbenen, Zitronengras, Majoran und Minzen auf.

Ich tat gar nichts, rein gar nichts. Stanley fuhr auch alleine raus. Abends um zehn machte ich noch eine Runde in den Hafen. Der alte

Lado saß auf der Steinbank und informierte mich sofort: „Er hat gar nichts gefangen.“ Er deutete mit dem Kopf in eine bestimmte Richtung. Das Mutterhäuschen war zu. Vielleicht saß er unten in Nikos Bar und trank einen Espresso. Es war elf Uhr abends, ich konnte nicht umhin, auf die Uhr zu blicken. Ein paar junge Leute fanden sich ein, Niko drehte die Musik lauter. Stanley sagte, er habe Kopfweh, und das komme davon, weil er zu wenig Kaffee trinke, zu wenig Koffein. Daheim in Kalifornien, da trinke er fünf, sechs Tassen am Tag. Ich sagte nur: „Aha.“

Ich ließ ihn so sein, wie er war, mäkelte nicht mehr herum. In einer Woche würde er abreisen. Wenn es dem Ende zugeht, ist man nachsichtig. Kurze Zeitspannen darf man genießen, das Nichtstun wird leicht. Wenn ich nichts tat, hatte ich kein schlechtes Gewissen und ich hörte ihm zu.

Er bestellte sich noch einen doppelten Schwarzen. Ich trank einen kleinen Pelinkovac und ein großes Glas Wasser. Stanley begann zu reden. Ich lieh ihm ein Ohr. Als nichts dabei war, was ich nicht schon gehört hatte, klappte ich meine Ohrmuschel zu und öffnete mein zweites Ohr besser, so dass es sich an der Musik aus der Stereoanlage oder am Meer berauschen konnte. Ich hörte nur, was ich hören wollte. Wenn er über das Fischen sprach, hörte ich sehr genau hin. Er sagte: „Wenn man draußen ist und wissen will, wie lange es noch bis zum Sonnenuntergang dauert, dann streckt man den Arm dem Horizont entgegen und bildet mit der Hand einen rechten Winkel. Damit misst man die Fingerbreite zwischen Sonne und Horizont. Vier Finger sind eine Stunde.“ Solche Sachen interessierten mich, einfache Dinge von früher; handfestes, altes Wissen.

Der dritte doppelte Mokka zeigte Wirkung. Stanley redete jetzt wie am Schnürchen und ich hatte den Eindruck, er redet gar nicht mit mir, sondern mit sich selbst. Er redete über die Vergangenheit und die Zukunft und darüber, dass alles nach seinem Kopf gehen soll. Er rauchte eine Zigarette nach der anderen und putschte sich mit Nikotin auf. Stanley wurde putzmunter, ich wurde müde und fror, wir lebten eben in zwei Welten. Einer schrieb einen Bestseller, darin behauptet er, wenn eine Frau Karriere machen will, und zwar nach ganz oben, dann muss sie ein Mann sein. Das glaube ich ihm. Aber nur, wenn sie Karriere machen will. Wenn sie darauf verzichtet, darf sie anders sein. Ich hätte ihm in diesem wunderbaren Nachtwind auch noch länger mit halbem Ohr zugehört, hätte ich einen dicken Pullover dabeigehabt. Aber so verabschiedete ich mich, freute mich auf mein gepflegtes warmes Bettchen und sogar auf die Putzfrau am nächsten Morgen. Die brachte immer was Selbstgebackenes mit und bügelte sogar die Socken.

Ich lief meine Runden, schwitzte mich aus, lief hinunter zum Strand und schwamm, so wie ich war, in meinen Sportunterhosen. Zwei alte Frauen saßen am Ufer. Sie ließen ihre Füße ins Wasser baumeln. Die Luft roch nach dem Harz der Pinien, und in den Weinlauben wurden die Trauben immer gelber und süßer. Zu Hause läutete ununterbrochen das Telefon. Die Freundinnen kündigten ihre Besuche für den Herbst an, Altweibersommer, die schönste Zeit im Jahr. „Ich versteh nicht", sagte Diana und rührte im Cappuccinoschaum, „warum du dich mit Stanley abplagst und nicht Mike nimmst. Der ist so locker, so easy going."

Niemand brauchte mehr mit dem Wasser zu sparen, weil es im Herbst und Winter ausreichend regnen würde. Allein der Gedanke daran, unbegrenzt Wasser rinnen zu lassen, war ein Genuss. Ich seifte und duschte und wusch mir die Haare. Sie sahen passabel aus. Ich ernährte mich einfach und ehrlich, aß die selbst eingekochten geschälten Tomaten mit Olivenöl und Basilikum, dazu ein Stück Brot, teilte den Schafskäse in Viertel und biss davon ab. Beim Rotwein leistete Diana mir gerne Gesellschaft. Wir hörten die „Fledermaus". Sie bat mich, sie doch einmal nach Wien mitzunehmen, in die schöne, alte „imperial city", wo es nicht so langweilig wie in Florida ist.

Wenn ich ihn nicht anrief oder nicht mit dem Rad zu ihm fuhr, tauchte Stanley sogar zum Frühstück auf. Jetzt, wo er die Abreise vor sich hatte, brauchte er sich an nichts zu binden. Er freute sich auf den Rückflug, auf sein bequemes Bett und seine Dusche, drüben. Er freute sich auf amerikanischen Komfort, dort ist alles so pflegeleicht, so süß, weich und mollig. Er freute sich auf die Jobs, die auf ihn warteten, denn drüben, da arbeitet er noch. Nicht mehr lang. Er würde sein kalifornisches Haus für den Verkauf herrichten. Er sagte auf einmal: „Ein Leben ohne Arbeit ist langweilig."

„Und wann wirst du den Oktopus machen, unter der Peka?", fragte er. Ich sagte: „Ich weiß es nicht. Ich will ihn nicht alleine essen." – „Musst du auch nicht. Wir werden ihn gemeinsam kochen. Ich werde dich rechtzeitig anrufen, vier Stunden bevor wir kochen, damit du ihn aus dem Tiefkühlfach rausnehmen kannst." So ein Ungeheuer muss man nämlich einfrieren, bevor man es kocht. Und es muss mindestens zwölf Stunden im Gefrierfach sein. Dann ist es weicher.

Vinko stand unter der Laube und wusch seine Hemden. Seine Frau Maria putzte den Salat. „Oh yeah", sagte sie. „Schön ist es wieder! Jetzt sind sie endlich weg, die Neffen und Nichten und die Touristen."

Und auch bei Mihos Papa waren das Haustor und die Fenster geöffnet. Seine kranke Frau, die monatelang keinen Schritt vor die Tür gemacht hatte, stand im Garten. Ohne fremde Hilfe spazierte sie zu einem Feigenbaum und pflückte sich eine Frucht. Ich schwamm öfter als einmal am Tag weit hinaus. Das Wasser war einfach zu schön, um es nicht zu nützen. Stanley zog im Hafen kleine Runden. Auch größere Fische wagten sich nun bis ans Ufer, er fing Barben und Barsche.

Er lebte nach seinen Launen und ich machte mit. Gut war er drauf, als es ihm einfiel, dass er mich wieder zum Kalamarifischen mitnehmen könnte. Er sagte, er ginge vielleicht am Abend fischen, wenn kein

Wind aufkommt. „Willst du mit?" – „Oh, ja. Ruf kurz an, bevor du rausfährst." – „Nein. Komm zum Boot, pünktlich um sieben." Er betonte die Sieben. Wenn die Zeit knapp wird, ist man froh, wenn man eine Uhr hat. Ist die Zeit unendlich, kann man sich mit dem Auf- und dem Untergehen der Sonne als Zeitmesser begnügen.

Um fünf vor sieben war ich beim Boot. Es wehte eine leichte Brise, der Himmel war bewölkt. Stanley sagte: „Am nächsten Morgen wird es schlechtes Wetter geben. Aber jetzt ist es noch gut. Wir bleiben, solange der Wind nicht stärker wird." Wir fuhren in den Norden, an der kleinen Kanincheninsel vorbei. Auf ihr hausen hunderte Kaninchen in ihren Bauen. Jeden Herbst werden sie gejagt und nur die Hälfte von ihnen wird dabei erschossen. Die andere Hälfte fällt, weil es so laut ist und überall kracht, vor Schreck tot um. An so einem Jagd-Tag knallt es in der Gegend wie im Krieg. Danach ist wieder Ruhe. Ein paar Tiere überleben und vermehren sich wieder, bis zum nächsten Jahr. Schuld daran, dass sie manchmal die Kaninchenpest kriegen, sind die Vögel, die Keime übertragen und fallen lassen. Deshalb knallen sie gerne auch die Vögel ab. Wovon diese Kaninchen auf so einer trockenen Gras-Insel überleben? Von nichts und von der Liebe. Wir fuhren um die Insel herum, die völlig flach und rund ist und von einem weißen Kranz von Steinen und Schotter umgeben. Eine Kolonie von Kormoranen saß am Ufer. Stanley zeigte mir, wie man sie verscheucht, indem man selbst ein großer Vogel wird. Er stand auf, breitete die Arme aus und tat, als wollte er fliegen. Die ganze Kolonie machte es ihm nach. Ein Vogel nach dem anderen richtete seinen Körper auf, breitete die Flügel aus und flog ein Stück aufs Meer hinaus.

„Wirst du leicht seekrank?" Nein, die Wellen stören mich nicht. Am Horizont türmten sich Wolken. Auch ich sah, dass sich da was zusammenbraut. Bald hatte sich die Sonne hinter den Wolken versteckt. Man konnte nur noch ihre Strahlen sehen, die die weißen Wolken mit einem Strahlenkranz krönten. Auf diesem Bild fehlte nur noch der

Himmelvater mit dem weißen Bart, der mit erhobener Hand auf dem Wolkenberg thront. Den dichten Wolken im Norden lag ein eisblauer wolkenfreier Himmel im Süden gegenüber, und in dem eisigen Blau stand schon der Mond. Er hatte seit unserem letzten Ausflug ganz schön an Umfang zugelegt.

Zwischen zwei Felseninselchen wusste Stanley eine Stelle, an der immer Kalamari sind. All sein Wissen über das Fischen hat er von seinem Vater. Von jedem Fisch, den ein anderer gefangen hatte, konnte er sagen, woher er stammt. Es ist die Tiefe des Wassers, die die Größe der Fische bestimmt. Wo das Wasser nur zwanzig Meter tief ist, werden bestimmte Fische nur eineinhalb Kilo schwer. Wachsen sie, so schwimmen sie woanders hin. Stanleys Vater kannte das Meer auswendig. Und all die Fischer-Tricks. Die Strömung stellte er mit Sand fest. Er warf eine Handvoll Sand in das Meer und sah, wohin der Sand schwamm. Dorthin zog die Strömung.

Stanley hielte die Leine ins Wasser und er zupfte und zupfte. Ein Tintenfisch hing am Köder, dann noch einer, vier waren es, vier kleine. Etwas zu wenig für ein Risotto. Ich dachte schon ans Risotto und sagte: „Hhhhmm." – „Hm?" Stanley gab mir einen Kuss. Die Wolken hatten sich vor den Mond geschoben, der Himmel zog zu. Der Wind wurde stärker, er kam aus dem Süden. Bald würde es regnen. Der Mond stieg noch einmal aus einem Wolkenloch, bis er hinter einem Schleier verschwand. Wir waren schon fast im Hafen. Stanley gingen die Zigaretten aus. Ich sagte: „Ich hab zu Hause noch eine Packung für dich."

Schwarzes Risotto

Im Mutterhäuschen hatte er schon das meiste zusammengeräumt, die Koffer gepackt, wir kochten bei mir. Ich zog meine Einweg-Gummihandschuhe an, zog den Kalamari mit Haushaltsrollenpapier die Haut ab, nahm sie aus, legte die Tintenbeutel beiseite und kochte von den Fangarmen den Fond. Er hackte die Petersilie und die Zwiebeln fein und schnitt die Kalamari in Streifen. Wir rührten gemeinsam im großen Topf und gossen fleißig mit Slahtina auf, dem besten Weißwein der Region, den auch Stanley mittlerweile von den ortsüblichen Säuerlingen unterscheiden konnte. Ich hätte mehr Wein und weniger Tinte in das Risotto gegeben, aber er wollte es schwarz, tintenschwarz. So mag er es lieber. Ich käme auch ohne Tinte aus, mit mehr Petersilie. Aber es ist sein letzter Tag auf der Insel, es ist sein Lunch. Den Reis maß er mit der hohlen Hand. Zwei Handvoll, eine Portion. Ich deckte fein auf, mit den schönen Gläsern. Wir stießen an. So hätten wir auch im Hilton Plaza speisen können. Er sagte: „Das Risotto ist ein Gedicht. Meine Mamma wäre stolz auf uns, könnte sie uns jetzt sehen."

Um Mitternacht saßen wir unterm Dorfbaum. Genau an dem Platz, an dem immer sein Vater saß. Stanley sagte: „Auch wenn er schon lange tot ist, für mich ist er immer noch da." Wir legten uns auf den Rücken, Kopf an Kopf. Er legte seinen Kopf auf meine Schulter, ich auf seine. Meine Füße schauten in Richtung Meer, seine in Richtung Inland. So machten es einmal die armen Leute, die sich keine Kopfpolster leisten konnten. Sein Koffer war schon am Boot. Kurz bevor er abfuhr, sagte er noch, er habe Angst vor dem Fliegen. Er hasst es zu reisen, und ich reise doch so gerne. Ich wäre gern mitgekommen, nach Amerika.

Als der Tornado Mali Otok erreichte, flog Stanley gerade über den Atlantik. Es war mitten am Vormittag und noch hatte sich das starke Gewitter, das unsere Insel einkreiste, nicht verzogen, da bildete sich über Veli Otok eine Wasserhose. Ein dunkelgrauer Trichter, der sich vom Himmel zum Meer hin verjüngte, kam langsam auf Mali zu. Er drehte sich wie ein Kreisel und veränderte von Minute zu Minute seine Silhouette. Sie wurde zu einer geraden Säule zwischen Himmel und Meer. Ungefähr in der Mitte zwischen den Inseln kehrte sich die Proportion um. Ich stand am Dachboden auf einer Seemannskiste und blickte durch die Dachluke. Von dort oben konnte ich das Schauspiel aus sicherer Entfernung sehen. Die Säule wurde oben immer dünner und unten breiter, sodass die breite Basis sich mit der Meeresoberfläche verband. Nur noch ein dünner grauer Schlauch blieb übrig, dann löste auch der sich auf. Nur die Wasserkreisel an der Meeresoberfläche bildeten noch eine Fontäne, die, knapp bevor sie Malis Hafen erreichte, in sich zusammensank.

Großartig! „Hast du es auch gesehen?", fragte ich Diana beim Spazierengehen. „Leider nein." Sie hat den Tornado verschlafen, und Edi hatte ihn auch nicht bemerkt. Er hatte im Fernsehen gerade den Weg des Tornados „Luke" in Florida verfolgt. Nur Dianas Mutter konnte von einem ähnlichen Erlebnis wie ich berichten. Wir spazierten zu dritt über die Mole und tauschten alles Mögliche über Tintenfische und Oktopusse aus und darüber, wie man sie fängt. Dianas Mutter meinte, einmal habe ihr jemand erzählt, man fängt sie mit einer lebenden Krabbe, die man runterlässt. Der Oktopus schießt aus dem Versteck und hält sich an der Krabbe fest. Dann zieht man ihn mit einem Trick heraus. Aber welcher das ist, das wollte sie nicht verraten. Ja, Stanley hätte den Trick sicher gewusst. Aber er war nicht mehr da.

Ich setzte mich hin und schrieb Stanley einen Brief. Seinen einzigen, den vom letzten Jahr, bewahrte ich im Safe auf. Er war so süß. „I miss you" hatte er geschrieben und dazu ein paar Comics gezeichnet, er zeichnet unheimlich gut.

Ich schrieb den Brief zu Ende, dann zerriss ich ihn wieder. Ich rufe ihn doch lieber an. Ich sagte ihm, dass er noch immer da sei, so nah und doch so weit weg. Auch er war in Gedanken noch hier, auf der Insel, aber nicht bei mir. Er war schon auf Seite 168 in dem Buch über das Fischen angekommen. Er hatte es sich zum Abschied gekauft, bevor er wegflog. Er sagte: „Ich bin in meinen Gedanken im Boot am Meer. Ich sehe jede Stelle genau vor mir. Every spot." Mich sah er wohl nicht. Ich sagte: „I miss you." Er vermisste mich nicht.

Schon eine Woche nach seiner Abreise ließ er mich wissen, ich solle nicht auf ihn warten. Es klang sehr ähnlich wie im Vorjahr. Damit hatte es sich für ihn erledigt, für mich nicht.

Was bei Abschiedsschmerz hilft, ist Ablenkung. Aber womit lenkt man sich auf einer kleinen Insel ab? Mit Shopping? Theater oder Kino? Mit Ausgehen? Einem Flirt? Bei Adriano saßen noch immer die Schwammtaucher herum, in der Pizzeria die Bauarbeiter und bei Aphrodite sie selbst. Ein Ausflug in die Stadt würde mir guttun. Mike wartete dort auf mich. Jederzeit! Anytime!

Er hatte ein tolles Appartement, kaum hatte ich geklingelt, stand er schon in der Tür. Ich musste mir gleich die Schuhe ausziehen. Von der Terrasse aus sah man auf die Marina. Die Lage war bestens und das Ambiente schick. Ging man aus dem Haus, musste man sich was Schickes anziehen. Die Damen in dieser Stadt putzten sich raus, die Männer nicht. „Wollen wir ein wenig ausgehen?" – „Nicht im Moment", sagte er, „ich muss noch an den Computer." Tag und Nacht war er online mit der Wall-Street. Er spekulierte auf fallende Kurse und hatte damit recht viel Geld gemacht. Seine Appartements kaufte er auf Kredit, den nahm er auf ihren steigenden Wert. Keine Sekunde verging, in der er nicht mit Risiko um Geld spielte. Kaum war ich da, legte er seine Karten auf den Tisch. Er sagte, er würde sofort eine Ehe mit mir riskieren. Da war ich aber baff. Wer riskierte hier was? Nein, zu easy going, das war kein Fall für mich.

Diana schlug einen Ausflug nach Wien vor. Wir fassten ihn ins Auge. Aber noch war das Wetter viel zu schön, um sich schon in den Schatten der Wiener Häuser zu verziehen. Das Internet war die Rettung! Die geeignete Flucht. Wo Mike online Bridge spielte oder pokerte, konnte ich mich um einen neuen Partner bemühen. Die Welt ist doch voller unkomplizierter Männer, die nur darauf warten, zu einer älteren Dame auf eine entlegene Insel zu ziehen. Ich bezahlte 170 Euro und schrieb mich bei „Parship" ein. Mal sehen, was für Männer auf dem Markt sind. Schon nach drei Wochen hatte ich es aufgegeben. Das war ja mühsamer, als sich einen live zu suchen. Oh, was war ich schwer zu vermitteln. Zuerst musste ich einen Fragebogen ausfüllen, dann erschien mein Persönlichkeitsprofil mit dem Versprechen, es würden sich nun die geeigneten Partner melden. Ich schrieb, ich hätte gerne einen, der jünger ist als ich, und bitte keinen Faulen, sondern einen Aktiven. Ich bin doch so gut drauf, sehe gut aus. Keiner, dem ich schrieb, schrieb mir zurück. Ich änderte meine Wünsche und teilte ihnen mit, er könne auch älter sein als ich. Es funktionierte! Siebzigjährige Pflegefälle meldeten sich. „Die brauchst du doch nicht", sagte Diana. „Stanley kommt im nächsten Jahr wieder."

Was sofort kam, nachdem er weg war, war eine Ladung Internet-Bücher über Pokern und Rauchen. Es stand nichts drin, was ich nicht schon aus der Praxis wusste. Ich hatte hundert Euro an die Luft gesetzt. Das machte zusammen mit der Partnervermittlung zweihundertundsiebzig Euro Ausgaben für nichts. Wer das Internet nutzt, wird auch auf einer Insel sein Geld los. Zweihundertundsiebzig Euro gab ich auf Mali Otok normalerweise in einem Monat aus.

Surfen war nicht mein idealer Zeitvertreib. „Mit Internet ist es doch toll, auf einer Insel zu leben", sagte ein Gast. Ich antwortete ihm: „Ohne Internet ist es noch toller." Weil man, wenn man weder Internet noch Fernsehen hat, sich mit dem begnügen muss, was an Ort und Stelle ist. Vielleicht sogar ein Partner.

Die Inselgenossenschaft feierte Geburtstag. Sie hatten sie vor genau hundert Jahren gegründet, um ihre Produkte vermarkten zu können, weil auf so einer Insel einer allein viel zu wenig hat, will er aus eigener Kraft und ohne Rente besser leben. Vor hundert Jahren lebten auf Mali dreitausend Leute, und jedes Stück Land trug Früchte. Heute leben hundert hier, von der Rente, die ein anderer, einer der arbeitet, bezahlt. Im Parterre der Lagerhalle im Hafen fand eine Versammlung statt. Der Saal war zum Bersten voll mit Leuten, die ich zuvor noch nie auf Mali gesehen hatte. Da gab es doch mehr Zugereiste als mich, mehr Neue, als geahnt, eine neue Gesellschaft, bestehend aus Zweithausbesitzern, Universitätsprofessorinnen, Botschaftern, Künstlerinnen, Architekten, Bauarbeitern aus Bosnien. Erstaunlich, wer alles auf Mali Otok ein Haus hat. Und sich nie in der Öffentlichkeit zeigte. „Stimmt nicht“, sagte Angelo, der neben mir saß. „Sie fallen nur nicht auf. Auf Mali Otok schauen doch alle gleich aus, weil sie sich gehen lassen dürfen. Keiner schert sich was.“

Die Äste bogen sich unter den reifen Oliven. Groß, voll und schwarz waren sie und schon seit Oktober wurde geerntet. Sie waren so weich und reif, dass man sie vom Baum essen konnte. Viele, die schon im August in die Staaten abgereist waren, tauchten nun wieder auf, zogen mit ihren Motorsensen in die Olivengärten, um das Gras und das Gestrüpp unter den Bäumen zu mähen. Die zu Boden fallenden Früchte lassen sich dann besser finden.

Im Insel-Lagerhaus lagerten die geernteten Oliven in großen Säcken und warteten auf die Pressung. Man war sich nicht einig darüber, wann die stattfinden soll. Denn ist die Presse mal in Betrieb, läuft sie tagelang und braucht ununterbrochen Nachschub. Darum gab es in der Inselgenossenschaft eine Genossenschaftsmitglieder-Sitzung. Zwanzig Männer saßen im Halbkreis, der Vorsitzende, einer der die Amerikaner für arrogant und den die Amerikaner für ignorant hielten, stand auf einem kleinen Podium. Die US-Erntehelfer waren daran interessiert, dass man bald mit dem Pressen anfing, denn sie konnten ja nicht ewig auf der Insel bleiben, mussten in ihre Jobs zurück und zu ihren Familien, mit zehn Litern eigenem Olivenöl im Koffer. Den Rest des Öls würden sie auf der Insel lagern, für den nächsten Sommer. Sie machten Druck. Die Einheimischen jedoch wollten lieber erst später pressen. Sie hatten ja den ganzen Winter Zeit zum Pflücken. Sie wollten es so machen wie immer. „Wie immer“ bedeutete, dass man die Oliven so lange pflückt, bis man damit fertig ist. Das dauert mal länger und wieder mal kürzer. War man fertig, presste man sie zu dem berühmten „Gold von Mali". Die gepflückten Früchte lagerte man in Meerwasser. Einer der Insulaner sprang auf und rief: „Wegen euch amerikanischen Idioten muss auf Mali nun alles rasch gehen. Wir pfeifen auf euch." Dann ging es los. Hier wurde nicht diskutiert, hier wurde durcheinander geschrien, bis man sich auf zwei Press-Termine einigte. Auch unter Insel-Leuten lässt sich immer eine Lösung finden, auch wenn es bei Diskussionen wild und lautstark zugeht.

Abends hatten sich drei Männer zusammengetan und die Kaninchen, die sie vor wenigen Tagen auf der Insel-Treibjagd erlegt hatten, zu einem köstlichen Gulasch verarbeitet. Dazu gab es Hörnchen und viel Olivenöl vom Vorjahr auf dem Salat. Später packte einer sein Akkordeon aus, spielte mal falsch und mal richtig. Kein Problem! Wir waren eine einzige große Familie.

Auch Lado hatte sein Akkordeon angeschleppt. Er übernahm den Platz des Akkordeonvirtuosen aus New Jersey, auf besonderen Publikumswunsch. „Als ich jung war", sagte Vinko, „hat Lado jeden Samstag am Dorfplatz Harmonika gespielt." Seither hatte er wohl nicht mehr geübt, denn er spielte noch schlechter als der Rentner, der vor ihm dran war. Aus Nostalgie aber waren alle mucksmäuschenstill, lauschten und tanzten auf leisen Sohlen zur Katzenmusik.

Einer meiner Cousins aus Tante Sofias Clan forderte mich zum Tanzen auf, seine Frau war schon wieder drüben bei den Kindern, er wollte die Inseltage, ehe es kalt wurde, genießen, weil er in seinem Haus keine Heizung hat. Er würde so gerne für immer her ziehen, meinte er, zu seiner Familie, doch die Familie gibt es nicht mehr, nicht hier und nicht drüben. Seine Eltern waren schon in den fünfziger Jahren ausgewandert, in den Sechzigern war er nachgekommen. Das war noch ein Zusammenhalt, damals in New York. Alle lebten in nächster Nachbarschaft und wenn sie ins Heiratsalter kamen, nahmen sie sich jemanden von den Kalamari-Inseln zur Frau oder zum Mann. An jedem Wochenende gab es das Großfamilientreffen. Das war schön! Aber wie ist es heute? Die Familie zerfällt und die alten Werte zerbrechen. Am Wohlstand zerbricht die Tradition. Er habe es am eigenen Leibe erlebt, sagte mein Cousin. Seine Tochter besucht ihn nur hie und da, und kürzlich sagte der Enkel zu ihm: „Bleib doch mal länger weg, Opa!"

Lado legte mit seinem dalmatinischen Fado noch ein bisschen nach, das Haupt meines Cousins sank müde auf meine Schulter. Ich sagte: „Kopf hoch", und steckte ihm eine „Krostula" in den Mund, und noch eine. Danach bediente er sich selber. „Krostule" sind in heißem Fett herausgebackene, süße Strauben. Auch ich griff zu, aß, bis ich spürte, wie sie sich in meinem Magen mit dem Gulasch und dem Bier zu Steinen vermählten.

Kaninchengulasch

Kaninchen gibt es immer wieder viel zu viele auf der Insel. Sie werden gerne in Gemeinschafts-Treibjagden erlegt, bei denen die Beute brüderlich geteilt wird. So hat jeder Insulaner meist eine ansehnliche Anzahl dieses Wildbrets im Tiefkühlschrank. Die meiste Arbeit macht ein Kaninchen aber vor dem Einfrieren oder Kochen, weil man ihm das Fell abziehen und es säubern muss.

Einem Wildkaninchen wird der Bauch aufgeschlitzt, die Eingeweide werden herausgenommen, die Leber bleibt drin. Danach wird ihm das Fell über die Ohren gezogen. Man fängt mit dem Durchschneiden der Sehnen an den Hinterläufen an, bis man am Kopf ist.

Der Kopf soll mit ins Gulasch. Er gibt dem Saft einen guten Geschmack, sieht aber nicht unbedingt appetitlich aus. Ich verzichte gerne auf ihn.

Den Körper teilt man in vier Teile und würzt sie nach Belieben. Man schneidet einige Zwiebel dünnblättrig, die Menge soll gleich schwer wie die des Fleisches sein, röstet die Zwiebel in Pflanzenöl glasig, gibt das

Fleisch dazu, brät es in den Zwiebeln an, würzt mit einigen Messerspitzen süßem Paprikapulver und Tomatenmark, gießt auf, bis alles bedeckt ist, und lässt das Gulasch dünsten. Nach einer Stunde und noch einmal kurz vor dem Anrichten gibt man Zitronenschale und Majoran dazu, und etwas Rahm. Das ist die einfache Insel-Art.

Dazu werden traditionell „gnocchi", Erdäpfelnockerl, serviert.

Ich mache es etwas komplizierter. Brate weniger Zwiebel an, würze dafür aber mit sehr viel Senf und gieße mit Weißwein auf. Nach einer halben Stunde gebe ich zwei in Spalten geschnittene Äpfel oder vorher eingeweichte Trockenpflaumen in den Topf, auch frische Pflaumen eignen sich. Wenn das Obst weich gegart ist, entsteht eine sämige Soße. Man braucht dann keinen Rahm. Majoran gebe ich während des Köchelns und vor dem Anrichten dazu.

Ich serviere dazu Instant-Polenta. Sie ist in drei Minuten fertig.

Lust auf eine Zigarette

Jetzt war die Insel fast leer. In der Schule hatten sie schon die ersten Ferien. Vinko und Igor fuhren mit ihren Booten nicht mehr weit aufs Meer hinaus. Sie zogen ihre Kreise im Hafen, wo genügend Branzini schwammen. Von den amerikanischen Rentnern waren nur noch wenige da. „You see", sagte Vinko, „die Frauen sind alle schon wieder in Amerika. Die Frauen sind dort, wo die Kinder sind. Die Männer sind lieber hier." Maria nickte, weil Vinko ihr Kind ist.

Die Bora pfiff durch Mauerritzen, Baumkronen, Büsche, Türen und Fensterstöcke. Die alten Holztüren und Fenster in meinem Haus halten nicht dicht wie die Türen und Fenster aus Plastik in all den anderen, renovierten Häusern. Na und? Da zieht man sich eben etwas wärmer an. Ich holte eine warme Decke und vergrub mich in die weiche Couch aus Leder und Stoff. Ich hörte den „Barbier von Sevilla", lauschte dem Wind, lauschte Bartolo und dem Grafen Almaviva. Als die letzte Arie verklungen war, hatte ich Lust auf eine Zigarette. Richtige Lust. Eine Zigarette zauberte ihn zu mir her. Die Packung lag noch da, die ich für Stanley in Reserve hatte. Vielleicht war ich durch seine Nähe schon nikotinsüchtig geworden? Nein, ich rauche jetzt nicht. Ich steckte die Zigarette, die ich schon aus der Packung gezogen hatte, wieder in die Packung zurück.

Die Wiederkehr des immer Gleichen, so dachte man sich das Leben in der Antike, im alten Griechenland. In manchen Gegenden der Welt ist es heute noch so, zum Beispiel in Mali Otok. Täglich passierte nichts, was man nicht schon kannte. Deshalb versuchte ich, jeden Tag neu zu erleben, indem ich etwas veränderte. Ich versuchte zum Beispiel nicht am Morgen, sondern am Abend zu laufen. Aber das tat mir nicht gut. Ich bin ein Morgenmensch. Also lief ich wieder am Morgen und ging mit Diana am Nachmittag spazieren.

„Es ist immer dasselbe!“ Diana sagte, dass sie null Power hat. Sie will endlich was erleben. Dieses Nichtstun saugt sie aus. Sie sagte: „Nächstes Jahr komme ich mit einem Hund!“ Darüber freute ich mich sehr. Ich borge mir gerne Hunde aus.

Wegen der Abwechslung probierte ich, mit Flossen zu schwimmen. Danach hatte ich an den Füßen Blasen, weil die Flossen zwickten. Und ich bekam Spatzen. Auch die Muskeln reagierten auf Veränderung. Jetzt, da ich ganz nach meinen persönlichen Bedürfnissen lebte, kam mein persönlicher Rhythmus wieder. Meine sechs traumlosen Schlafstunden, meine goldenen Morgenstunden, die Müdigkeit gegen elf, der Hunger am Nachmittag. Wer es nur eingeführt hat, dass der Mensch um zwölf Uhr Mittag essen muss? Ich schaute im Internet nach. Es waren die fleißigen Benediktiner gewesen, die militärischen Mönche. Sie haben sogar die Uhr erfunden, damit alle Mönche zur selben Zeit beten.

Beamte der staatlichen Wasserwerke waren nach Mali gekommen. Sie waren zu einer Bohrstelle unterwegs, die am Rand des Dorfes lag.

Ein Bautrupp hatte vor zwei Jahren nach Trinkwasser gebohrt und Wasser gefunden. Jetzt machten sie die Proben, um festzustellen, wie brauchbar dieses Wasser war. Die europäische Union in Brüssel hatte das Projekt bezahlt. Sie sagten: „Ist das Wasser trinkbar, dann bekommt die Insel eine Wasserleitung. Das Wasser ist dann nicht mehr gratis."

„Ich brauch keine Wasserleitung", sagte Vinko. „Ich auch nicht", sagte Igor, „weil sie dann ein Hotel her bauen, und das brauche ich nicht." Nur Violetta freute sich schon darauf, weil dann im Sommer noch mehr los ist. Auch Roko und der Bauunternehmer gewannen dem prognostizierten Wasser-Reichtum einiges ab.

Ein Manuskript, an dem ich ein Jahr gearbeitet hatte, war fertig, vorzeitig, wie immer. Ich hasse Termindruck. Ich schickte es meinem Verleger. Dann räumte ich alle Unterlagen, alle Bücher und Zettel, die ich nun nicht mehr brauchte, in eine Schachtel. Ich räumte weg, was von den Jungs noch da war, die Taucherbrillen, die Flossen, die Segel, das Surfbrett. Ich ordnete die CDs und die Schallplatten und das Bücherregal. Zu all dem brauchte ich weniger als einen Tag.

Im Freien arbeiteten Stanko und Danko seit einer Woche mit vorsintflutlichen Geräten an der Gartenmauer. Dann war die Mauer fertig. Fein säuberlich hatten sie die Feldsteine, Bruchsteine und Grabsteine, die sie vor dem Sommer auf einen Haufen abgeladen hatten, übereinander geschlichtet und nur wenig Mörtel verwendet.

„Die haben aber lange gebraucht", sagte Diana. „Und was baust du als Nächstes?" Das ist ja das Problem mit dem Fertig-Sein. Wer etwas zu Ende bringt, will etwas Neues beginnen. „Verstehst du jetzt", sagte sie, „warum sie hier nie etwas beenden? Dann müssen sie das nächste Projekt angehen."

Beim Spazierengehen aßen wir süße Feigen und noch süßere Trauben und nahmen in einer Woche zusammen sechs Kilo ab. Wir machten die übliche Runde, vorbei an restaurierten Häusern und an Ruinen, an verkommenen Weingärten und verwilderten Wiesen, an uralten Olivenbäumen und einem Lorbeerwald mit vielen jungen Lorbeerpflanzen am Boden. Diana gab mir einen Tipp: „Die gräbst du aus und machst davon um den Garten eine Hecke." Sie bedauerte, dass sie am Mittwoch zurück nach Florida musste.

Zwei junge Männer standen am Gartentor, Beamte von der staatlichen Stromgesellschaft. Einer hielt eine Adressenliste in der Hand. Sie lasen die Zähler ab. Sie gingen die Liste durch, von oben nach unten, von unten nach oben, und fragten nach einem Namen, den ich nicht kannte. Ich fragte, ob sie nicht auch bei mir den Zähler ablesen wollten, es wäre schon seit zwei Jahren niemand mehr hier gewesen. Nicht dass ich mich aufdrängen will ... Sie lachten und sagten, das sei doch gut so, dass noch keiner da war, seien Sie doch froh. „Nein, Sie stehen nicht auf der Liste. Wird schon einmal einer ablesen kommen, vielleicht im nächsten Jahr."

Duschen? Haare waschen? „Wozu?" Salz auf der Haut? Oh, ja! Ich schwamm nun mit den Flossen über eine Stunde. Abends setzte ich mich an die Mole, um die Heimkehr der Fischer abzuwarten. Ich schaute in jeden Kübel. Schaute, wer wie viele und wer welche Fische gefangen hat. Nina eröffnete, jetzt, wo alle weg waren, eine Immobilienagentur. Darauf tranken wir ein Glas Prosecco. Sie jubelte: „Jetzt beginnt das Geschäft!" Und was sie zu verkaufen hatte, Grundstücke, Häuser, Ruinen? Sie sagte: „Noch nichts! Aber wenn sie die Wasserleitung bauen und wenn der Boom kommt, bin ich die Erste am Platz."

Von Nikos Bar her kam leise Musik, die letzten Überlebenden der Nachsaison wollten Unterhaltung. Ich wurde immer fauler. Es war neun Uhr, als ich aufstand. Dabei war ich schon einige Zeit lang wach im Bett gelegen. Angelo hatte schlechtes Wetter vorausgesagt und mir geraten, die letzten Gartenkräuter ins Trockene zu bringen. Ich schlurfte mit meinen Gummischlapfen in den Garten. Aus Basilikum, Olivenöl und Käse machte ich mein eigenes Pesto, füllte es in kleine Gläser mit Schraubverschluss. Die Zitronenverbenen brachte ich zum

Trocknen ins Haus. Ich dachte schon an die kleinen, selbst gemachten Weihnachtsgeschenke: ein Gläschen Pesto, ein Säckchen Zitronenverbenen. Wenn es heftig regnete, dann rauschte das Regenwasser durch die Regenrinne in die Zisterne und machte mich glücklich. Der Wasservorrat für das kommende Jahr war gesichert. Sogar dem Ungeziefer konnte ich etwas Positives abgewinnen, denn kaum war es feucht in der Umgebung, kamen nicht nur die warzigen Erdkröten und die kleinen behausten Schnecken aus ihren Höhlen, auch die Tausendfüßler. Zu Hunderten krochen sie hinein ins Haus. Sie sind eklig, auch weil sie so stinken, aber man sagt, dass sie Glück bringen. So fasste ich sie, Stück für Stück, mit Papier an und trug sie aus dem Haus. Im Badezimmer lag ein kleiner schwarzer Skorpion am Boden und rührte sich nicht. Ich fing ihn mit einem Marmeladeglas ein und trug ihn zum Stoß mit dem Grillholz, in dem ein Skorpion sich gerne verkriecht.

Aus der Brunnengrabung oben am Hügel lief das Wasser durch einen Feuerwehrschlauch den Hohlweg hinunter, vorbei an meinem Haus. Die Beamten hatten die Wasserproben in die Hauptstadt geschickt und das Ergebnis verkündet, dass wir mit bestem Trinkwasser gesegnet sind. „Die warten doch nur darauf, dass sie es uns abkaufen können, die drüben auf Veli Otok“, sagte einer an der Bar, wo das Wasser Thema war. „Abkaufen?“, sagte der andere. „Die wollen es sicher gratis. Aber kriegen sie nicht.“

Eine Freundin besuchte mich, die arbeitet an Entwicklungsprogrammen für Beitrittskandidaten. Was würde sie wohl zu Mali Otok sagen? Angelo fuhr sie auf seinem Quad über die Insel, zeigte ihr die Felder mit der schwarzen Erde, die Mali einst so reich gemacht hatten, zeigte ihr die Gärten mit den jahrhundertealten Ölbäumen, ließ sie vom hart gewordenen Käse kosten und vom selbst gebrannten Schnaps. Ich zeigte ihr die wunderbaren Badebuchten, in denen das Seegras einen Meter dick über dem feinsten Sand liegt. Sie fragte, ob je einem die Idee gekommen sei, mit unserem Inselbagger dieses Seegras wegzuschieben. Nein ist es nicht, weil Einheimische nicht auf Seegrasmatten liegen und auch nicht schwimmen. Es war Ende November. Das Meer hatte immer noch 21 Grad. Wir schnitten den Lorbeer- und Erdbeerbäumchen, den Zypressen und Wacholderbüschen die schönsten Zweige ab, banden daraus kleine Kränze und nahmen sie mit nach Wien.

Duftende Trauben

Mit dem Abzug der arbeitenden Bevölkerung und dem Verfall der Landwirtschaft hörte auch auf Mali Otok die Produktion von Wein auf. Von den Rieden ist nichts mehr geblieben. Man erntet nur noch die Weintrauben, die in der Laube wachsen. Meist sind es verschiedene Sorten, die zu verschiedenen Zeiten reifen.

Als Lauben-Traube beliebt ist die runde, blaue „Isabella"-Traube, ein Selbstträger, der wunderbar duftet. Eigentlich wird diese Traube gepflanzt, um ein dichtes, Schatten spendendes Blätterdach zu bilden. In diesem Fall zwickt man die Reben, solange sie klein sind, ab, weil die reifen, süß duftenden Trauben gerne Insekten anlocken, nicht nur Wespen, auch Käfer, Mücken und Fliegen. Ist jemand aber nicht in seinem Haus, ist er etwa in Amerika, wird seine Laube auch Trauben tragen. Ich habe so einen Bekannten, der im Juli auf Urlaub in sein Haus kommt und zur Erntezeit nicht da ist. Deshalb lässt er die Trauben wachsen, wie sie wollen. Bei ihm darf ich ernten und liefere ihm dafür im kommenden Sommer vier Gläser Traubengelee, für jede Woche eins. Selbst erzeuge ich gerne frischen Saft, den ich auch gären lasse. Moussierender Duft-Sekt aus Isabellatrauben schmeckt traumhaft gut. Alljährlich mache ich auch einen Trauben-Strudel und einen Traubenkuchen mit Tortenboden und Baiser-Haube. Letzteres Rezept hat allerdings nichts in der einfachen Küche zu suchen.

Für Saft: *Die Trauben abrebeln. Wasser mit Zucker (1:1/2) aufkochen, köcheln lassen, darin die Trauben nacheinander hineingeben, bis die Haut platzt, herausheben und auf einen Teller geben. 2-3 Kilo Trauben auf diese Menge verwenden. Saft durchseihen, heiß in Flaschen mit Schraubverschluss bis oben hin füllen und gut verschließen. Lässt man den süßen Saft ohne Verschluss stehen, moussiert er und schmeckt köstlich als Getränk. Er ist auch dazu geeignet, daraus Schaum zu schlagen.*

Für Marmelade: *Die geplatzten Trauben enthäuten und teilweise entkernen, weil sie zu viele und zu große Kerne haben, die als Brotaufstrich stören. Das Fruchtfleisch mit einem Teil Saft vermischen und kalt mit Einkochhilfe zu Marmelade gelieren.*

Für Strudelfülle: *Strudel mit Brösel, Zucker, Butter, geriebenen Mandeln und den geschälten Trauben füllen. Für Strudel müssen die Trauben nicht entkernt werden.*

Alles neu, macht der Mai

Wie jedes Jahr war ich auch im Winter ein paar Tage auf der Insel gewesen, um nachzuschauen, ob das Haus noch steht. Einen Großteil meiner Zeit verbrachte ich ihn Wien, arbeitete an einem Buch, sah meine Familie, so oft es ging, traf meine Freundinnen und erneuerte Geschäftsbeziehungen.

Wo leben Sie denn? Fragten die Leute, hier wie dort. Ich sagte, überall, weil es völlig egal ist, wo. Man lebt in seinem eigenen Körper und den nimmt man meist überall hin mit. Im Mai fuhr ich mit ihm wieder nach Mali Otok.

Die Fähre fuhr um elf Uhr auf die Minute pünktlich ab. Ich ging an Bord und suchte mir ein Plätzchen auf einer weiß lackierten Bank, die nass und salzig war. Ich nahm ein Papiertaschentuch aus meinem

Rucksack und wischte die Bank ab. „Wie ist das Wetter in Wien?“ Die Frau lächelte und fragte gleich nach dem Wetter, kaum dass wir uns auf Kroatisch begrüßten. Sie kannte meinen Namen, aber ich hatte den ihren vergessen. Ich glaube, sie hieß Franziska. Ja, das war's. Franziska heißen die Frauen hier und Ivo die Männer. Die Frau war dürr und hatte einen flachen Hängebusen. Sie trug ein schwarzes Kleid und eine Kette mit einem goldenen Kreuz um den Hals. Sie hatte ein glattes, rosiges Gesicht, das die Sonne selten sieht. Sie setzte sich hinein in den Aufenthaltsraum mit den zerkratzten, braunen Bänken aus Kunststoff, holte einen Groschenroman aus der Tasche und begann darin zu lesen. Ich holte mir an der Theke einen Kamillentee mit Honig und Zitrone und setzte mich zu ihr. Langsam trank ich ihn aus, schaute, wer noch da war. Ich fand niemanden, den ich kannte. Nach zehn Minuten hatte ich das Gefühl, an die Luft zu müssen. Ich verabschiedete mich höflich und ging aufs Oberdeck. Es war fast wie beim ersten Mal, als ich nach Mali übersetzte. Blaues Meer, blauer Himmel mit Haufenwolken, eine Inselkette im graublauen Dunst, hie und da Dörfer mit weißen Häusern und Kirchtürmen, ein paar Jachten, ein großes Fischerboot.

Anders war nur, dass mir einige der Menschen auf dem Schiff vertraut waren, und mit dem Müllmann, einem blonden, stets gut gelaunten Hünen, war ich seit meiner Adoption sogar verwandt. Vor sieben Jahren, am Beginn meiner Inselbeziehung, hatte er unseren Müll noch mit einem alten Traktor auf einen Müllplatz in der Mitte der Insel gekarrt, zur Freude der Ratten und Krähen. Windstärke acht genügte, um den Mist wieder hochzuwirbeln, bis in den Wald, wo bunte Plastiksäcke wie Früchte an den Zweigen der Sträucher und Bäume hingen, und hinaus auf das Meer, von wo die Strömung die Blüten der Zivilisation wieder an den Strand geschwemmt hat. Die Leute sagten dann, das sind die Touristen, die uns den Dreck bringen, und die Touristen regten sich über die Insulaner auf, die stoisch am Strand auf all dem Plastikmüll picknickten, so, als wollten sie sagen, der geht uns einen Dreck an. Schluss ist es nun damit, denn wir haben die Mülltrennung. Zweimal in der Woche, im Sommer täglich, fährt das Müllschiff die Inseln an, ein stinkender Frachter, der den gesammelten Dreck an die Küste bringt. Wohin der Müll danach transportiert wird, weiß keiner. Es interessiert uns auch nicht und muss uns auch nicht interessieren. Wir auf den Inseln sind privilegiert.

„Hab dich lange nicht gesehen!", sagte der Müllmann. Er war zum Obermüllmann avanciert. Neben ihm saß sein neuer Adjutant, der die Tonnen aus dem Dorf zu den Sammelstellen bringt, wo der Obermüllmann die Sortierung überprüft. Ein Junge aus Banja Luka, einem Ort im Inneren den Kontinents, wo die Leute nicht wissen, wie man Boote navigiert. „Aber er wird es auch noch lernen", sagte sein Chef und lachte. Mali Otok wird langsam zivilisiert. „Und, steht die Insel noch?" – „Ja, klar", sagte der Müllmann, „alles ist wie immer." Er packte Brot, Käse und Salami aus und lud mich auf eine Jause ein. Neben uns saß mein Nachbar Vinko. Er löffelte Suppe aus einem Warmhalte-Becher. Maria kocht ihm immer was Warmes, wenn er ans Festland fährt. Mit dem Rentner-Ausweis reist er einmal in der Woche gratis. Sie kommt nur einmal im Monat mit, wenn sie zum Arzt und zum Frisör fährt.

Am Hauptdeck wurde ein Tisch mit einem weißen Tischtuch gedeckt, mit Servietten und zwei Krügen, einer für Wein und einer für Wasser, mit Gläsern, Tellern und Besteck. Es duftete nach Gulasch und mir rann wieder das Wasser im Mund zusammen, wie damals, beim ersten Mal, als ich hungrig war und, angezogen vom Duft, fragte, ob ich ein Menü bestellen kann. Der Koch hatte mich verständnislos angeschaut wegen dieser ungehörigen Frage. „Hier wird nur für die Mannschaft gekocht." In sieben Jahren war ich gegen staatliche Gulaschdüfte auf staatlichen Fährschiffen immer noch nicht immun.

Regenwolken waren aufgezogen. Ein kühler Wind peitschte die ersten Tropfen aufs Oberdeck. Ich verdrückte mich mit den anderen an die Schiffs-Bar, eine kleine, verrauchte Bude mit Stehtischchen und einer Sitzecke aus rotem, von Zigaretten durchlöchertem Skai-Leder. Ich stellte mich in die zweite Reihe und wartete eine Zeitlang, bis ich dran kam. Der Barmann ist ein alter Bekannter. Mir hatte er auf meiner ersten Überfahrt eine Halbliter-Plastikflasche mit Mineralwasser verkauft, in der gechlortes Leitungswasser drin war. Ich erzählte es niemandem. Soll er sich bei blauäugigen Touristinnen ein bisschen was dazuverdienen, indem er leere Mineralwasserflaschen mit Leitungswasser auffüllt. Er machte mir einen Cappuccino mit viel Schaum um einen Euro. Ich gab ihm einen Euro zwanzig.

In drei Fernsehapparaten liefen drei verschiedene Programme. Kein Fußball, kein Basketball, uninteressant. An einem Tisch spielten ein paar Männer Karten. Die Luft war zum Schneiden dick. Auf der roten Skai-Eckbank war noch ein Plätzchen frei, zwischen Nina und einer dicken Frau. Nina hielt ihre Zigarette in der Linken, mit der Rechten deutete sie mir, mich zu setzen. Ihr schwarzes Schlabberkleid schlabberte bis zur halben Wade. Käseweiße Beine lugten darunter hervor. Im käseweißen Gesicht trug sie eine Sonnenbrille, obwohl es recht dunkel war. Die Bügel der Brille trugen ein Zebrastreifenmuster. Nina hatte zwei neue Baugrundstücke im Immobilienangebot und die Hälfte von einem Haus mit Gartenbenutzung. Sie fragte: „Wartet Stanley auf dich?“ Sie meinte es gut.

Hatte er je auf mich gewartet? Oh, ja. Es war bei unserem ersten Rendezvous. Er stand schon zwei Stunden vor mir in der Bucht. Ich war zu Fuß quer über die Insel spaziert, er fuhr in einem Boot um die Insel herum. Er war viel früher da, stand am Strand und rauchte, als ich kam. Er kann stundenlang auf einem Fleck stehen oder sitzen. Ich nicht. Dennoch hatte er, so lange ich mich erinnern konnte, seine Ruhe immer nur äußerlich bewahrt.

Ich trank meinen Cappuccino aus und stand auf. Es regnete nur noch wenig. Ich ging raus. Ich brauche diese salzige Luft, Meeresluft!

Rein und würzig. Ich atmete tief ein und tief aus. Mali Otok zeichnete sich am Horizont ab. Oh, splendid isolation! Ich hatte mich nicht wie Stanley entscheiden müssen, in welcher der beiden Welten ich für immer leben wollte. Ich lebte in beiden, war mal hier und mal dort. War schnell und geschäftig in der Großstadt, lebte gelassen und ruhig auf Mali Otok. Es war, als drehte jemand in mir einen Schalter um, wenn ich von der einen in die andere Welt wechselte. Kaum betrat ich diese Insel, lebte ich in der Gegenwart, vergaß, was hinter mir lag, schaute nicht in die ferne Zukunft und reduzierte mein Tempo. Locker, ohne Hast schritt ich die Mole entlang.

Auf der langen Steinbank saßen die Alten aufgereiht wie die Schwalben. Sie lächelten, blinzelten unter ihren dunklen Mützen hervor und hoben die Hand zum Gruß.

Pfingsten! Zum siebenten Mal Insel-Pfingsten. Auf den Mauern blühten die weißen Feldlilien. Ich roch ihren süßen, warmen Duft. Angelo brauste die Hauptstraße entlang. Einer hatte sein Haus mit zwei Appartements aufgestockt und lila gestrichen, davor hatte er neue Palmen gesetzt. Darüber hätte ich mich früher noch aufgeregt. Jetzt war es mir egal. Ich hatte in all den Jahren Dingen gegenüber, die ich nicht ändern kann, eine gewisse Gleichgültigkeit angenommen. Dazu gehörte die Einsicht, dass es wenig Sinn macht, über Geschmäcker zu streiten. Wir stolperten den Hügel hinauf zu meinem Palast. Die Gartentür klemmte. Das Holz hatte sich in der Feuchtigkeit verzogen, die Scharniere waren verrostet, der Lack blätterte ab. Angelo grinste: „Du hättest besser eine Gartentür aus Plastik gemacht. Und die Scharniere aus Aluminium.“ Ach, Angelo! Ich will doch heuer Stanko und Danko wieder ein wenig Arbeit verschaffen und mir Beschäftigung.

Im wilden Hafer verfingen sich rosa Wicken.

Das Boot

Eine Amsel trillerte die verschiedensten Melodien, in der Ferne rauschte das Meer. Ich lag im Bett und hörte zu. „Schlafen wir noch?", rief Angelo. Ich, am helllichten Tage schlafen? Das würde ich nie zugeben. Ich antwortete: „Aber nein", kroch aus den Federn und öffnete die Fensterbalken. Ein strahlender Tag. Er wollte nichts Besonderes, nur mal vorbeischauen. „Ich leg was in die Küche", sagte er, rief: „Buona notte", und brauste ab, auf seinem Quad.

Angelo hatte mir „skuta", frischen Topfen aus Schafsmilch, gebracht. Allein für diese Köstlichkeit würde ich jeden Mai-Tag auf Mali vermissen, müsste ich diese Zeit im „Ausland" verbringen. „Ausland" nannte ich mittlerweile jene Territorien, die sich außerhalb unserer Inselwelt befinden. Ich setzte mich vor dem Haus auf die Bank und deckte den kleinen, alten Marmortisch. Er war in dem Haus gewesen, als ich es kaufte, und stammte noch aus der Monarchie. Ich ließ den cremigen Schafs-Topfen mit Honig auf der Zunge zergehen und hörte den Vögeln zu. Die Schwalben sangen ihre Lieder. Ein zartes Frühlingslüftchen umspielte mein Gesicht. Eine Freundin rief an. „Dir geht es gut", sagte sie, die im Büro sitzen musste. Der Himmel in Wien war grau.

Ein Experiment war gelungen. „Was wäre", fragte ich mich, „wenn ich beim Laufen mal an nichts denke?" Bisher war es ja so, dass ich mir am Beginn meiner täglichen Runde ein Thema vorgab oder ein Problem, das ich lösen wollte, einen Plan. Irgendwann schafften es der Sauerstoff und die Endorphine, dass sich das Problem von selber löste, ein Satz entstand oder sich ein Umriss abzeichnete. In Wien war es anders. In Wien, wo gutes Wasser unendlich fließt und nichts kostet, funktionierte diese Methode unter der Dusche. Und nun dachte ich an nichts. Ich lief meinen Kopf frei. Frei von allen Lasten kam ich zurück. Ich war vollkommen glücklich mit nichts.

„Yes, we can,", Probleme zu lösen, ist easy. „Yes, we cannot", nichts zu tun ist schwer. „Let´s do nothing!" ist leichter gesagt als getan. Aber ich lernte dazu. Lernte, wie man Warten nicht mehr als Warten empfindet. Bewegte mich im Inselrhythmus, „Stop and Slow". Vieles, nicht alles, überließ auch ich nun dem Zufall. Wenn ich das Bedürfnis hatte, mit Stanley Tee zu trinken, ging ich ins Dorf. Vielleicht war er da. Wenn er in meiner Nähe sein wollte, kam er zu mir. Vielleicht war ich hier. Und es konnte schon passieren, dass ich gerade auf dem Weg zu ihm und er auf dem Weg zu mir war und wir uns an jener Stelle trafen, an der wir vor Jahren auseinandergingen. Stanley tut sich jetzt leichter. Seit sein eigenes Haus fertig ist, das Haus am Hügel, fühlt er sich als Hausherr. Er ist kein Mann wie Mike, der sich bei reichen Frauen einnistet und abhängig macht. Stanley hatte es besser gemacht. Er hatte sein Haus in Amerika noch während des Booms, rechtzeitig vor der Immobilienkrise, verkauft und die Schulden abbezahlt. Danach brachte er sein Hab und Gut in mehreren Containern über den Atlantik. Alles: die Möbel, den Hausrat, das gesamte Baumaterial, pflegeleicht und genormt. So, als ob es bei uns in Europa nichts von alledem gibt.

Er hatte nun ein Mobiltelefon, rief an und war erreichbar. Ich wusste, wo er war. Unser schwarzes Risotto wurde berühmt. Wir fanden Kompromisse beim Kochen, ich gab ein bisschen mehr Wein, und er ein bisschen weniger Tinte in den Reis. Wenn er sich schick machte und in die Stadt fuhr, nahm er mich nicht mit. Sie hatten ihn öfter mit einer langhaarigen Blonden gesehen, die jünger als seine Tochter war. Er trägt, wenn er auf Abenteuer aus ist, die ausgebleichten Jeans, seine lässigen Cowboystiefel und eine Lederjacke. Und er bleicht seine Zähne. „Zahnweiß" nennen sie das in Amerika. Seit einigen Jahren gibt es das auch bei uns im Insel-Supermarkt, der bekanntlich das Wichtigste, was der Mensch wirklich braucht, im Angebot führt. Stanley erfüllte sich alle Wünsche.

Sein Boot, eine Spezialanfertigung für einen „very sophisticated fisherman", ließ sich Zeit mit der Überstellung nach Europa. Er wartete auf sein Boot voller Ungeduld. Hatte je ein Mann so auf eine Frau gewartet wie er auf sein Boot? Hatte sich je ein Mann solche Sorgen um eine Frau gemacht, wie er um sein Ein und Alles? Wo es wohl jetzt war, das Boot? Schwamm der Container irgendwo am Atlantik, im Pazifik, im Panamakanal? Oder vielleicht schon östlich von Gibraltar? Was konnte nur alles mit dem Boot geschehen, im chinesischen Meer? Denn manche Container fahren von San Francisco zuerst nach China und dann erst ins Mittelmeer, vorbei an Somalia, wo die Piraten nur eines im Sinn haben, genau das Schiff zu kapern, auf dem Stanleys Boot drauf ist.

Er hatte sein schnittiges Boot mit seinem Mobiltelefon fotografiert. Das Foto schaute er alle zwei Stunden an. Dazu klappte er die Schutzklappe vom Handy auf, drückte auf der Tastatur ein paar Mal herum, bis er das Foto fand. Zum Bootschauen hatte er das Mobiltelefon immer bei sich, nicht zum Telefonieren. Das Bild war so schlecht, dass nur er wusste, was wirklich drauf war. Aber es genügte, ihn glücklich zu machen. Er wartete drei Wochen. Dann riefen sie an, aus dem nächsten großen Hafen. Das Boot war endlich da.

Er nahm John mit, das Boot abzuholen. Hätte er Roko mitgenommen, so wäre ich ausgerastet. Aber John ist in Ordnung. John kann navigieren und John kann schwimmen. Man weiß ja nie, was auf einer Jungfernfahrt passiert.

Es hieß, sie würden gegen zehn an der Küste abfahren, und nach einer Stunde seien sie da. Das Boot, hörte man, sollte ja 630 PS haben, alle waren gespannt. Das halbe Dorf wartete auf ihn. Wir warteten drei Stunden, so lange, bis wir am Horizont einen Punkt sahen, der größer und größer wurde. Der Punkt bekam Umrisse: ein strahlend weißes Boot, mit Kabine, Radar, zwei Motoren, allen möglichen Mätzchen. Die beiden Seebären trugen blaue Kappen, lange, weiße Hosen und blau-weiß gestreifte T-Shirts. Stanley strahlte vor Stolz. Sie legten an. Doch der Platz, der für Stanleys Boot reserviert war, war schon besetzt. Ein altes Fischerboot lag da, so fest vertäut, als sollte es für die Ewigkeit halten. „Von diesem Platz", so sagte der Besitzer, „fahr ich nicht weg, und wenn ich deshalb nie wieder aufs Meer hinaus fahr." Stanley musste sich mit einem anderen Platz begnügen, einem schlechteren, wie er meinte. Es fing nicht gut an. Vom ersten Tag an, als er das Boot an der Mole vertäute, schlief Stanley darauf, aber nur bei schönem Wetter. Mir gehörten die Regentage, und die sind selten auf Mali Otok.

Alle Inselmänner, mit denen er verwandt war und die er mochte, lud er ein auf eine Spritzfahrt. Wie viel Sprit man dafür braucht, weiß nur einer, der ein starkes Boot hat. Man verbraucht hundert Liter pro Stunde! Hundert Liter! Die muss man erst einmal tanken. Dazu muss man, auf Mali Otok gibt es keine Tankstelle, ans Festland, wobei man für die Überfahrt auch schon fünfzig Liter verbraucht. Aber der Kapitän sprach: „Macht nichts, weil der Tank 500 Liter fasst."

Seit das Boot da war, war es zwischen Stanley und mir endgültig aus, auch zwischen mir und den anderen männlichen Inselbewohnern. Ich tat mich mit den Frauen zusammen. Diana kam öfter vorbei auf einen Spaziergang. Sie hatte sich einen Hund angeschafft, einen Dalmatiner. „Besser ein Dalmatiner als Hund als ein Dalmatiner als Mann", sagte sie. Mit dem Hund spazierte sie mehrmals am Tag die Mole über die Riva, dann, wenn die Jachten anlegten. Deren Ankunft konnte sie mit dem Fernglas vom Balkon aus beobachten. Sie nahm es Edi, ihrem Mann, aus der Hand, der stets damit bewaffnet war, vor allem, wenn neue Touristinnen im alten Strandbad ihre neuen Bikinis der Weltöffentlichkeit präsentierten. Gemeinsam mit ihrem Dalmatiner machte Diana an der Mole die tollsten Bekanntschaften. Bernie Ecclestones Frau ging an Land und streichelte die kleine, schwarz gefleckte Zara voller Entzücken.

Stanley hielt nun auf sich, noch mehr als üblich, besonders dann, wenn er mit Roko abdampfte. Er sagte: „Ich fahr jetzt Kalamari-Fischen." Roko brauste auf seinem neuen Quad daher. Roko importierte Quads aus den Vereinigten Staaten, und jeder Inselmann kaufte ihm so eine Maschine ab. Rokos Partner baute für die neuen Quads kleine, passende Fertiggaragen, weil jedes ordentliche amerikanische Heim auch eine Garage hat. Er wollte auch ein Hotel bauen und eine Marina und, so hörte man es läuten, einen Golfplatz. Dann können all die Superreichen auf ihren Jachten wohnen und über die grünen Inselhügel Golf spielen. Die Bälle können sie dann im Dornengestrüpp suchen, damit auch der einfache Inselmensch was zu lachen hat. Es gibt viele Möglichkeiten für Mali Otok. Hinter Roko legte sich Mike in die Kurve. Stanley saß auf. Sie brausten über die Mole zu Stanleys Boot. Ich ahnte: Die Knaben hatten was anderes vor als Kalamari fischen.

Der große Fang

Es ärgerte ihn, dass er nichts fing. Oder tat er nur so? Wenn die kleinen Boote der Mali-Männer spät am Abend im Hafen einliefen, stand er an der Mole und schaute ihnen zu, wie sie die Plastikeimer aus den Booten hievten. Sie gingen an den anderen im Café oder im Hafen vorbei. Hatten sie nichts gefangen, gingen sie schneller als gewöhnlich und verdrückten sich ins Dunkel. Hatten sie was, zeigten sie es her. Darüber konnte Stanley nur die Nase rümpfen. Er hatte was vor. Mit einem Profi-Boot wie dem seinen angelte man doch keine kleinen Fische. „Kleine Fische! Das ich nicht lache!", sagte er. Er war auf der Jagd nach dem Einen, dem Großen.

Eines Morgens läutete das Telefon, so gegen acht Uhr. Er sagte nur: „Ich hab einen! Bitte, bring die Kamera." Ich fuhr mit dem Rad so schnell, als wär es die Tour de France in den Hafen. Es war ein kapitaler

Fang. Ein Dentice, eine Zahnbrasse. Sie wog dreizehn Kilo. Ihre Schuppen schillerten in allen Farben. Sie war fett und rund und weit über einen Meter lang. Ihr Maul war voll spitzer Zähne, ihre Augen waren noch ganz lebendig und klar.

Stanley wiegte den Fisch zärtlich wie ein Kind in den Armen, und ich schwöre, dass in diesem Moment der Fisch zu ihm sprach, er sagte: „Du hast einen Wunsch frei, wenn du mich wieder freilässt." Aber der Fischer antwortete, er hätte keinen anderen Wunsch, als allen im Dorf den Fisch zu zeigen.

„Nun bist du stolz auf deinen Stanley", sagten sie, die im Hafencafé saßen. „So einen Fisch haben wir hier noch nie gesehen." – „Oh, doch", meinte Ante, der mit erhobenem Haupt, als wäre High Noon, über den leeren Platz auf uns zukam. „1973 habe ich einen noch größeren gefangen. Und mein Vater hatte einen von der Angel verloren, der hat dreißig Kilo gewogen." Es gab ein paar, die neideten ihm den Fang. Anderen war er mehr als willkommen. Adriano zum Beispiel, der wetzte schon das Messer. Stanley schuppte das Tier ab und nahm die Eingeweide heraus. In seinem Magen hatte der Fisch einen noch unverdauten Oktopus und zwei unverdaute Rotbarben.

In der Lagerhalle der Genossenschaft stellten sie drei Plastiktische zu einem langen Tisch zusammen, zwölf hatten daran Platz, elf Männer und ich. Einer hatte Wein, den er selbst macht, in einem Plastikkanister mitgebracht. Der Becher kreiste, und der Fisch schmeckte vorzüglich. Adriano hatte die Steaks in Alufolie gegrillt. Dazu gab es Blitve mit Kartoffeln, das einfachste Mahl ist das beste. Im Laufe von einigen Stunden wurden Unmengen vertilgt. Wir quasselten in Englisch und in der Landessprache, in der erzählten sie schlüpfrige Witze. Die verstand ich Gott sei Dank nicht. Wir prosteten Dionysos zu und Aphrodite und räumten, so berauscht wie wir waren, gemeinsam den Tisch ab. Wir wuschen die Teller im Meer und brachten das Geschirr fein säuberlich geschlichtet in Adrianos kleine Küche zurück. Dort kochte er , wenn er Lust hatte, auf einem Gaskocher mit zwei Flammen Götterspeisen für ausgesuchte Leute wie Stanley und mich, wofür er sich nie bezahlen ließ.

Aus dem Helden des Tages wurde der Held der Insel. Jeden Tag fing er nun einen kapitalen Fisch! Zuerst verschenkte er die Beute, dann schaffte er sich eine riesige Kühltruhe an. Immer fischte er alleine, es gab nur ihn, die Angel und den Fisch. Es schien sich unter Fischen auch nicht herumzusprechen. Das war mehr als Fischerglück. Er benutzte lebende Tintenfische als Köder und fischte am richtigen Platz. Das Jagdfieber hatte ihn erfasst. Er vergaß zu essen, er rauchte nur noch, trank schwarzen Tee dazwischen, verlor fünf Kilo und war glücklich. Bis zu dem Tag, als Ado, dem schönen Jüngling, der Kragen platzte. Das schwarz gelockte Gottesgeschenk, das im Sommer den Katzenhai fing. Ich hatte ihn noch in Erinnerung, wie er die Touristen und mich freundlich durch die Gegend schipperte. Ado attackierte Stanley. Verbal nur, nicht tätlich, und vielleicht spielte sich so manches auch nur in Stanleys Kopf ab. Die Berichte aus der Bar waren widersprüchlich. „Komm mir nicht zu nah“, hatte der junge Ado zum alten Stanley gesagt, „oder ich schieße.“ Ado ist Berufsfischer und kapitale Fische sind rar in der Adria. Er konnte es nicht länger dulden, dass ihm so ein Hobbyangler die Prachtexemplare vor der Nase wegfing.

Im Meer ist es nicht so wie an Land, wo man um sein Grundstück einen Zaun herum macht, wo es Eigenjagden gibt oder ihnen entsprechende Fischerei-Gründe. Im Meer gibt es keinen Grundbesitz, sondern nur Hoheitsgebiete der angrenzenden Staaten. Wer im Meer fischen will, braucht eine Fischereikarte, für die er zahlt, und sonst nichts. Hast du bezahlt, darfst du bestimmte Netze benutzen und deine Angel hineinhalten, wo du willst. Du musst nur wissen, wo! Und, du musst früher dort sein als die anderen. Wie Ado, so schlief auch Stanley auf seinem Boot. Wie Ado fuhr er beim geeigneten Wetter hinaus. Doch der Junge hatte immer auch was daneben laufen. Stanley nicht. Für den alten Mann gab es nur das Meer und den Fisch.

Stanley verteidigte sich: „Mein Recht“, sagte er, „ist das Recht des Älteren. Mein Vater hat hier schon gefischt, wo dieser junge Spund noch gar nicht auf der Welt war.“ Jetzt waren wir endlich im Mittelalter angelangt und hatten auf unserer Insel noch dazu einen Generationenkonflikt.

„Ach“, meinte ich, „nimm es nicht zu ernst. Versuch, ihn zu verstehen. Versetz dich in seine Lage. Er lebt doch vom Fischfang. Und du fischst nur zum Spaß. Ihr könntet doch in Ruhe darüber diskutieren und euch einig werden. Schenk doch ihm die Fische.“ Aber ein Fischer ist kein Mann der Worte, sondern einer der Tat. Er sagte nur: „Du hast nicht das Funkeln in seinen Augen gesehen, als er mir drohte. Ich werde zuerst schießen.“ Die Insel verwandelte sich in ein staubiges Wild-West-Dorf, in dem sich Stanley den Shoot-out ausmalte.

Bald bildeten zornige US-Rentner eine geschlossene Front gegen junge, einheimische Fischer. Die Rentner begleiteten Stanley, hinaus um ihm mit ihren Booten Schutz zu bieten, denn eines war klar: Wenn geschossen wird, werden sie am Meer draußen schießen. Als die Amerikaner jedoch abreisten, bröckelte die Front. Auch Roko zog sich zurück. Er wollte die nächsten Insel-Wahlen gewinnen und hielt sich schon deshalb aus territorialen Fischrechts-Streitereien diplomatisch heraus.

Die Zeit auf Mali Otok verrinnt langsamer als in den Städten, aber sie verrinnt. Neues kommt nach, Unvorhergesehenes dazwischen. Die Zeit, in der die Alten, die ihr Leben lang die Insel nur verließen, um sich in der Stadt ins Krankenhaus zu legen oder um im schwarzen Witwenkleid nach San Francisco zu fliegen, die Zeit ist vorbei. Die Zeit, in der nur Männer auf den Meeren herumflitzten, um der Enge des Alltags zu entkommen, auch.

Ich kaufte mein eigenes Boot, ein altes, benutztes, mit einer kleinen Kajüte für zwei, das nicht allzu viel Sprit braucht. Und ich kaufte einen Bordcomputer. Das Küstenpatent habe ich schon lange, mit dem Meer und dem Wetter bin ich immer noch nicht vertraut. Deshalb leistete mir die GPS-Navigation gute Dienste. Sie zeigt, wie tief das Wasser unter mir ist, zeigt mir die gefährlichen Untiefen. Ich gebe mein Ziel ein und sie zeigt mir die kürzeste Verbindung. Sie sagt mir das Wetter voraus und sie hat einen „fish-finder", ein Sonar, das mir sagt, wo es in nächster Nähe Fische gibt. Lauter Dinge, für die einer wie Stanley keine Elektronik braucht. Ob ich auch fische? Nein, ich habe zwar einen „Fish-finder", aber zu wenig Geduld. Ich halte die Angel ins Wasser und lese in der Zwischenzeit ein Buch. Wenn einer anbeißt, ist es reiner Zufall.

Ich lernte die Landessprache ein bisschen besser. Endlich kann ich mit Angelo und seiner Mama, mit all meinen Cousins und Cousinen vor dem Fernseher sitzen und bei der Millionenschau zeigen, wie gut ich bin. Es ist einfach, auf einer grünen Insel in mildem Klima nachhaltig zu leben. Mein Leben „im Ausland" auf Bescheidenheit umzustellen, gelingt mir nicht. Auf Reisen oder in der Stadt werde ich rückfällig. Ich fresse mich gierig durch das Programm der Theater, der Kinos und Opernhäuser. Und die T-Shirts und Jacken in meinem Kasten sind nicht von Walmart. Die von Stanley schon. Dafür hat er eine aufpolierte Moto Guzzi auf die Insel gebracht. Das mache ihm einmal so ein junger Inselspund nach!

Eines Tages flog sein tolles Boot in die Luft. Sabotage. Übrig blieb der Rumpf und ein Motor, den konnte man noch retten. Nie fand man heraus, was die Ursache war, wer der Täter. Die Versicherung, so ließen sie ihn wissen, zahlt. Aber nur in Amerika.

So bescheiden, wie wir tun, leben wir auch wieder nicht. Aber unser Konsum hält sich in Grenzen, und den Mainstream halten wir für einen Sardinenschwarm. Die einzige Bank, die bei uns zusammenbricht, ist die Parkbank. „Dann werden wir eine neue machen", sagt das Kugelauge, das ein Tischler in Frühpension ist. „Aber streichen werde die Bank ich“, sagt Stanley. Die Farbe würde auch er aussuchen. Er hat zu Hause noch zwei übrig gebliebene Farbtiegel im Schrank. Mit der gelben Farbe hatte er das Boot seines Vaters, nachdem alle Löcher geflickt waren, gestrichen.

Manchmal zwingt einem das Schicksal ein bescheidenes Leben auf. Stanley ließ die Nussschale zu Wasser, kaufte einen 3-PS-Motor, setzte das Segel, wenn Wind aufkam, wie einst der Vater. In diesen Stunden war er gelassen und glücklich und vollkommen zufrieden, wenn ein großer Fisch an der Angel hin. Nichts zu bedürfen, ist den Göttern vorbehalten. Doch der Weise sagt auch: Wer wenig bedarf, kommt nah an sie heran.

Wir sind Freunde geworden, zwei, die sich ohne Besitzanspruch mögen. Zwei, die den anderen tun lassen, was er sich in den Kopf setzt, solange es nur ihm selbst und niemand anderem schadet. Stanley kaufte eine Fertiggarage für die Moto Guzzi, weil er mit ihr nicht herumfahren darf. Ich nahm wieder mehr Aufträge an und flog öfter nach Wien. Dort komme ich zu spät zu jedem Termin, versäume die Bahn oder Bim und kann, serviert man mir frische Fische mit Currysoße, nur milde lächeln. Wie die Städter, die voller Hochmut auf die zurückgebliebene Provinz schauen, blicke ich nun voller Hochmut auf den urbanen Wahnsinn.

Wir werden älter und hie und da sind wir krank. Wir sind zwei, die sich helfen, wenn einer wirklich Hilfe braucht. Es gibt einige hier von dieser Art. Du glaubst, sie sind faul und sie tun nichts, du glaubst, sie sind Ignoranten; doch wenn es darauf ankommt, sind sie an ihrem Platz, bereit zum Start. Auf einer Insel, auf der die Leute wenig brauchen, kann man sich auch mit Kleinigkeiten Freude machen. Ich bin immer noch die Götterbotin. „Ey“, sagte Vinko vor langer Zeit, „kannst du uns aus Wien eine Schere mitbringen, eine wirklich gute aus rostfreiem deutschen Qualitätsstahl?“ Maria fingerte eine Schere aus der Lade. „So ein Ramsch“, sagte sie, „die verbiegt sich immer.“ Es war ein

Modell aus der Titozeit. Seither vergeht kein Monat, an dem sie nicht demonstrativ und zufrieden etwas mit der neuen Schere schneidet, wenn ich vorbeikomme. Papier, Pappendeckel, einen Zwirn. Erst kürzlich saß sie mit Vinko in der Laube und schnitt den kleinen Fischen, die er aus dem Kübel klaubte, die Flossen ab. „Das", sagte er und zeigte auf einen grauen mit einem Strahlenkranz am Rücken, „ist ein Pauk. Furchtbar giftig. Doch schneidest du ihm die Stacheln ab, ist er genießbar."

An Stanleys Arm war eine Beule, die war ganz blau. Es war zwar kein Pauk, der ihn verletzte, sondern nur eine Zecke, die ihn biss. Beim Entfernen hat er sich infiziert. Die Beule sah nicht gut aus. Er meinte, er werde alt. „Ach, komm. Gib den Arm her." Wir fuhren in meinem Boot zum Arzt auf die Nachbarinsel. Es war nichts Schlimmes, der Arzt reinigte die Wunde und verband sie, er gab ihm eine Injektion und eine Packung Tabletten. Bei der Rückfahrt ging uns der Sprit aus und ich hatte keinen in der Reserve. „Wenn wir uns treiben lassen", sagte Stanley, „sind wir in einer Stunde daheim." Wir ließen den Anker runter und zogen ihn nach. Wird es seicht, wird er sich im Boden festmachen. Der weiße Verband am Unterarm, die goldene Rolex, die braune Haut, der graue Flaum, mir gefiel der dazugehörige Mann noch immer. Er runzelte die Stirn, hob die Brauen und lächelte: „Wie sieht es denn aus, in deiner Kajüte?" Einen kurzen Blick schickte er noch auf die Navigation. Der Tiefenmesser zeigte 78 Meter, das Sonar einen riesigen Fisch-Schwarm, direkt unter uns. Stanley zögerte keine Minute. „Oh, James....!" – „Komm", sagte er, „das sind doch nur kleine Fische, die interessieren mich nicht."

Rezeptverzeichnis